犀利人妻

居家實用百寶箱

前言

擁有健康的生活是每個人的夢想，但是實現這個夢想卻並非易事。不良的生活方式正是毀滅我們美好夢想的隱形「殺手」。從只懂得啼哭的孩提時代，到談婚論嫁的黃金年華，到取得事業上的飛黃騰達，到熠熠白髮的幸福晚年，這些成功的建立與我們平時的生活習慣、飲食搭配、處事原則、應急方式等等都有著密不可分的聯繫。

然而，在現實而又忙碌的生活中，不少人由於缺乏科學的生活常識，卻因此而走向了生活的誤區，損害了身心健康。為了幫助人們有系統瞭解現代生活中經常可以遇到的種種「宜」與「忌」，有效避免生活中的各種失誤和禍患，我們特編寫了此書。

本書緊扣現代生活中的各種細節問題，從日常飲食、美容保健、居家居室等方面，全面而具體地講述了日常生活中各方面的「宜」與「忌」，將您已經遇到的、正在遇到的或即將遇到的疑惑通通匯總，告訴您該做什麼、不該做什麼，讓健康快樂的生活從此開始！

本書旨在弘揚現代生活的科學理念，傳授辯證的養生之道，用正確科學的理論去指導人們的衣食住行。本書內容豐富翔實，文字通俗易懂，是一本廣大讀者的生活宜忌顧問書，更是一本不可或缺的生活百科寶典。但願本書能夠幫助每一位讀者朋友健康幸福地生活。

Contents 目錄

第一章 日常飲食宜忌

一、飲食習慣宜忌

目錄

第一章

Contents

目錄

第一章

四、飲食烹飪宜忌

五、食物存儲宜忌

Contents

目錄

第二章

美容保健宜忌

一、美容護膚宜忌

Contents

二、美體護髮宜忌

目錄

第三章

養生保健宜忌

一、老幼保養宜忌

Contents

目錄

第三章

第四章 居家居室宜忌

Contents

Contents 目錄

第四章

第一章 日常飲食宜忌

第一章 日常飲食宜忌

一、飲食習慣宜忌

民以食為天，每個人都必須進食食物。但是，如何做到合理進食卻並非易事。我國中醫理論認為，食物的性味不同，人體狀況各異，因而人們對飲食的需求與避忌也不同，飲食禁忌就是從養生的角度介紹不同的人所應避忌的飲食。注意飲食習慣中的宜忌，將對我們的健康大有好處。

宜 飲食六宜

宜早：人體經一夜睡眠，腸胃空虛，清晨進些飲食，精神才能振作，故早餐宜早。

宜緩：吃飯細嚼慢嚥有利於消化，狼吞虎嚥，會增加胃的負擔。

宜少：人體需要的營養雖然來自飲食，但飲食過量也會損傷胃腸等消化器官。

宜淡：飲食五味不可偏亢，多吃淡味，於健康大有好處。

宜暖：胃喜暖而惡寒。飲食宜溫，生冷宜少，這有利於胃對食物的消化與吸收。

宜軟：堅硬之物最難消化，而半熟之肉，更易傷胃，尤其是胃弱年高之人，極易因此患病。所以煮食須煮爛才可以。

宜 宜定時定量

吃飯有規律，定時定量，能使胃腸道有規律地蠕動和休息，從而增加食物的消化吸收率，使胃腸道的功能保持良好狀態，減少胃腸疾病的發生。

宜 晨起宜喝水

早晨起床後喝一杯涼開水，有利於肝、腎代謝和降低血壓，防止心肌梗塞，有的人稱之為「復活水」。學者認為，人經過幾個小時睡眠後，消化道已排空，晨起飲一杯涼開水，能很快被吸收進入血液循環，稀釋血液，從而對體內各器官進行一次「內洗滌」。

忌 忌不吃早飯

不吃早餐便去學習或工作，長此以往，不但影響身體健康，而且還可能會嚴重影響我們的學習和工作。因為，大腦是記憶的物質基礎，人腦時刻要有充足的氧氣及營養物質供應。

一個人記憶力的強弱，除與遺傳、環境有一定關係之外，還與腦細胞的營養狀況有直接關係。人的記憶靠人腦中各種物質協作來實現，人的思維越集中，消耗的營養物質越多，如不及時給以補充，便會造成更多的神經細胞早衰或死亡，從而影響人的記憶力。

如果不吃早飯或早飯吃得少，到上午十點之後，就會因腦細胞營養供應不足，而出現精力分散、心跳加快、頭脹、乏力、渾身虛弱、饑餓感等現象，從而影響學習或工作效果。

因此，應設法創造條件，每日三餐吃飽、吃好，從而保證身體正常發育，以及精力充沛。

宜 心情宜舒暢

吃飯時情緒好，食欲增強，血液循環良好，胃腸的消化功能強，免疫力增強；如在吃飯時情緒壓抑和鬱悶，則會影響食欲，影響血液的正常循環，降低整個消化系統的功能，降低人的免疫力。

宜 宜節制飲食

節制飲食不僅能減輕胃腸負擔，而且由於機體處於半饑餓狀態，植物神經、內分泌和免疫系統受到一種良性刺激，從而調動人體本身的調節功能，內循環均衡穩定，使免疫力增強，神經系統興奮與抑制趨向於平衡，有利於提高人的抗病能力。

宜 三餐宜有別

早吃好，午吃飽，晚餐適量。草率的早中餐、豐盛的晚餐，使人患肥胖的占百分之六十七。早餐以低糖低脂肪高蛋白為佳。午餐同樣，因為午餐食用雞或魚等高蛋白可使血液中充滿氨基酸，包括酪氨酸，酪氨酸可通過血腦屏障，在大腦中轉化為使頭腦清醒的化學物質；另一個能通過血腦屏障的關鍵營養物質是膽鹼，它存在於魚、肉、蛋黃、大豆製品、燕麥片、米、花生和山桃核中，膽鹼是腦神經遞質乙醯膽鹼的化學前體，在記憶中起主要作用。晚餐以高碳水化合物為佳。

宜 宜吃苦食

苦味食物不僅含有無機化合物、生物鹼、萜烴類，而且含有一定的糖、氨基酸等。苦味食物中的氨基酸，是人體生長發育、健康長壽的必需物質。苦味還能調節神經系統功能，幫助人們從緊張的心理狀態下鬆弛下來，緩解由疲勞和煩悶帶來的惡劣情緒。苦瓜、咖啡、苦菜、慈姑、茶葉、巧克力、啤酒等苦味食品含維生素B，有強大的殺傷癌細胞的能力。

宜細嚼慢嚥

細嚼可使食物磨碎成小塊，並與唾液充分混合，以便吞咽。同時，咀嚼還能反射性地引起唾液、胃液和胰液等消化液的分泌，為食物的進一步消化提供了有利條件。

宜飯前喝湯

我國居民用餐習慣一般都是先吃飯、後喝些菜湯。西方人的用餐習慣是先喝點湯，再吃飯（麵包等）。這兩種不同的用餐習慣，究竟哪一種科學、合理？從科學衛生的觀點看，先喝點湯再吃飯比較好。因為人在感覺饑餓時馬上吃飯對胃的刺激比較大，天長日久，容易發生胃病或消化不良。如果吃飯前先喝點湯，就好像運動前做預備活動一樣，可使整個消化器官活動起來，使消化腺分泌足量消化液、為進食做好準備。這樣，就會減輕對空胃的刺激，對胃的保護有一定好處。

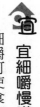

忌飯後鬆褲帶

有些人喜歡飯後鬆褲帶，他們認為這樣做既能使腸胃寬鬆，又能有利於消化，其實這樣做是極不利於健康的。因為，人體內臟器官的正常位置主要是靠韌帶拉扯起固定作用的，另外還要靠一定的腹腔內壓對器官起支持作用。進食後，胃腸重量大大增加，此時將褲帶放鬆就會使腹腔內壓下降，對胃腸臟器的支持作用減弱，加重韌帶的負荷。長期如此，韌帶會因負荷過重而鬆弛，引起胃下垂，出現慢性腹痛脹等消化道症狀。此時，如果進行動作幅度較大的活動，消化器官的韌帶負荷就會加大，很容易發生腸胃扭轉而引起機械性腸胃梗阻，出現較重的腹痛、腹脹、嘔吐等症狀，嚴重的還會危及生命。因此，平日褲帶的鬆緊應該適度，尤其在飯後不要放鬆褲帶。

忌 西瓜忌冷藏後再吃

許多人買回西瓜後，不是立即就吃，而是放入冰箱將其冷凍後再吃，以求涼快。可是長時間吃冰西瓜會損傷脾胃。西瓜性寒、味甜。西瓜切開後經較長時間冷藏，瓜瓤表面形成一層膜，冷氣被瓜瓤吸收，瓜瓤裏的水分往往結成冰晶。醫生以為，人咬食「冰」的西瓜時，口腔內的唾液腺、舌部味覺神經和牙周神經都會因冷刺激幾乎處於麻痺狀態，以致難以「品」出西瓜的甜味和誘人的「沙」味；不可刺激咽喉，引起咽炎或牙痛等不良反應。另外，多吃冷藏西瓜會損傷脾胃，影響胃液分泌，使食欲減退，造成消化不良。特別是老年人消化機能減退，吃後易引起厭食，腹脹痛、腹瀉等腸道疾病。因此，西瓜不宜冷藏後再吃，最好是現買現吃。

忌 冰鎮飲料忌多飲

炎炎烈日下人往往是汗流浹背，一杯冰水或冰鎮飲料無疑有著極大的誘惑。但是，冰鎮飲料並不適合夏天解渴，而且大量飲用容易致病。

短時間內喝下大量的冰鎮飲料不僅不能解暑，反而易導致中暑，這是因為冰鎮飲料中水分子大部分處於聚合狀態，分子團大，不容易滲入細胞，而熱飲料單分子多，能迅速滲入細胞，糾正細胞缺水的狀態。因此，冰水或冰鎮飲料的解渴效果反而不如熱茶。而且，冰鎮飲料雖然會帶來暫時的涼爽感，但大量飲用，會導致汗毛孔遇冷而閉合，機體散熱困難，餘熱蓄積讓人感覺到內熱外冷，極易引發中暑。

與此同時，需要注意的是：冰鎮飲料、冰水、冷飲等的溫度一般要比胃內溫度低二十度至三十度，大量冷飲進入體內，很容易刺激胃腸道，引起血管收縮，黏膜缺血，從而減弱胃腸消化功能和殺菌力，造成痙攣性疼痛，甚至導致腹痛、腹瀉。

對於老人，尤其是患有心血管疾病的老人來說，喝冰水、冰飲料除了導致胃部不適，還可能引起腦血管的痙攣，從而引發心絞痛等，因此，老人一定不能喝冰水。此外，夏天運動的人也不宜喝冰飲料，這是因為運動時體內血液大多集中於體表，消化系統暫時處於貧血狀態，冰凍飲料喝下後將對貧血的胃腸產生強烈刺激，使血管收縮而加重貧血。

正常人喝的飲料溫度以八度至四度為宜。在炎炎夏日裏，可以把白開水或飲料放在冰箱裏稍微冷藏一段時間，但時間最好不要超過半小時，感覺不冰手時再飲用。

忌 忌吃燙食

有人喜歡吃燙飯、喝熱湯，他們覺得只有這樣，才能吃出飯的「味道」。其實，這是一種不健康的飲食習慣，對口腔、食道和胃都會造成傷害。

太燙的飯湯除了容易燙傷口腔和舌黏膜外，有時還容易將食道黏膜燙傷。造成食道黏膜壞死，形成假膜，脫落後就成為潰瘍。這種潰瘍癒合後，能形成瘢痕，使食道狹窄，影響正常的進食，是食道炎疾病的一種。得這種病的人，經常會感覺到胸骨後面有疼痛和灼熱感，有時甚至還會出現吞咽困難的症狀，甚至是引起急性單純性胃炎。

同時，喜歡吃燙熱的飯菜的人也很容易引起食道癌病變。據研究表明，在食道癌的高發人群中，多數患者有愛吃燙食的習慣。人的口腔、食道和胃黏膜的耐熱溫度為五十度至六十度。為了避免對口腔、食道黏膜的燙傷，減少食道炎、急性胃炎、食道癌的發生，應養成良好的飲食習慣，不要吃過熱或過燙的飯菜。

忌 忌暴飲暴食

長命百歲，永保青春可以說是每個人的夢想。但是其秘訣並非是去尋找不存在的不老仙丹，只要在日常的飲食習慣中多注意一些即可輕鬆獲得。首先便是不要暴飲暴食。

長期的暴飲暴食也是造成肥胖及慢性疾病的主要原因。不僅如此，暴飲暴食還會促使體內產生「活性氧」。即指呼吸吸入的一部分氧氣產生氧化作用之後，攻擊細胞膜的脂質，傷害ＤＮＡ鏈，極有可能會引發癌症。這也是造成衰老的主要原因之一。

忌 忌飲食口味過重

在每個家庭中，大家都習慣在餐桌旁擺上一些調味品。但是，在越來越依賴調味品的背後，卻隱藏了一個令人憂心的問題，那就是我們正常的味覺正在逐漸地失去作用。例如：烤肉時必須要沾些烤肉醬，否則烤肉吃起來就會「無味」、就會覺得「難吃」，結果吃進去的都是調味料和烤肉醬，而真正肉類的鮮美滋味卻吃不出來。即使是炒菜，有些人也會加入些

「高鮮味精」，增加食物的美味。同時，再加上各種佐料，過重的口味已使得現代人的味覺受到了嚴重的破壞。

在目前眾多的調味品之中，多半都含有大量的化學成分。即使是宣稱採用天然原料的高鮮調味品，也不乏化學合成成分。長期食用後，將會使我們的味覺失去分辨食物原始美味的能力。尤其是對於孩子，如果讓他們從小就習慣了添加許多調味品或色素的食物，就會讓他們養成只有添加調味品的食物才是正統的美味，而食物的原味則會顯得平淡無奇。此外，調味品中的化學成分也有可能造成人體味覺的異常。因此，在平時的生活中，我們一定要注意調味品科學、合理地使用。

忌 忌長期吃素

蔬菜含有豐富的維生素、無機鹽和纖維素，對身體的健康有很多的好處，但是蔬菜中的蛋白質含量卻很少，或者沒有。不過，有些人卻非常喜歡吃蔬菜，有些人則是因為患動脈硬化或其他疾病不得不過多吃蔬菜。我們要知道，蛋白質是構成全身組織器官的重要成分，它參與了機體內許多的生理功能，如果缺乏就會引起許多不良的後果。而且大部分蔬菜中的鋅含量極低，因為鋅是增進食欲，促進生長發育，提高創傷癒合能力的良藥。如果育齡婦女經常素食，攝入的熱量及鋅不足，就很容易給下一代帶來某種先天性的疾病。

因此，吃蔬菜比較多的人，應該多吃一些肉蛋奶類、豆類及其製品，以免造成營養不良，影響到自己的健康。

宜 吃油膩食物後宜飲茶

現在市面上出現了各種茶形式的減肥品，因為茶水具有通便潤腸的功能，茶水會和脂肪類食物形成乳濁液，加速脂肪類物質排入腸道，減輕胃部負擔。在吃了油膩食物後飲茶對消脂是很有益的，油膩食物含有豐富的脂類或蛋白質，這類物質在胃中需要的排空時間很長，而食物一旦在胃內滯留太久就會產生飽脹感，這時喝點濃茶可以加速脂肪類的排解。像蒙古族等少數民族雖然每天以牛羊肉為食但也不會很胖，就是因為他們每天都會喝大量的奶茶。為了「消脂」的茶可以泡濃一點，而且應該是熱茶，但量不宜過多。

忌 忌進食偏嚼

偏嚼，在醫學上的解釋為長期使用一側牙齒咀嚼食物。偏嚼的現象大多見於兒童，主要的原因是，有的兒童的一側乳牙過早脫落，而成人則因一側齲齒或磨牙脫落，或其他原因使一側牙齒不方便進行咀嚼，也會養成偏嚼的習慣。長期偏嚼是對牙齒有害的。

因為長期使用一側偏嚼，會使該側牙列、頜骨和面部咀嚼肌發育豐滿，而另一側則發育較差，甚至消瘦塌陷，使面部呈現出一側大一側小的現象，形成「歪臉」。此外，還會因為下頜牙列向咀嚼方向的移位，引起牙齒錯位。偏臉和牙齒錯位，會改變個人的面容以及影響到牙齒的功能。因此，具有進食偏嚼習慣的人，應儘快將此習慣改掉。

忌 忌邊走邊吃

有些人為了不耽誤上班，常常邊走路邊吃東西。殊不知這是一種不講衛生、有害健康的壞習慣。

(1) 路上人來車往，塵土飛揚，汽車排出的有害物質很多，都在低層空氣中飄蕩，沿著路邊走邊吃東西，必然會隨著食物食入不少有害物質。

(2) 食物的消化、吸收要在大腦統一指揮下來完成，而邊走路邊吃東西，大腦既要指揮運動系統，又要指揮消化系統，不但難以將吃下的食物很好地消化，而且很容易發生嗆食、咬舌、引入異物等。因此，提醒大家最好不要邊走路邊吃東西。

忌「飯後百步走」

「飯後百步走，活到九十九」，這種說法其實是很不科學的。人們在飯後，腸胃會處於充盈狀態，如果在飯後散步，會因運動量的增加，而影響消化道對營養物質的消化吸收。特別是老年人，心功能減退、血管硬化及血壓反射調節功能障礙，餐後多出現血壓下降等現象。

據專家分析：在飯後，即使是非常輕微的運動，也會使腸胃受到震動，從而增加胃腸的負擔，影響消化功能。飯後適當地休息一段時間，待胃內的食物適當消化後，再活動才較為適宜。

忌飯後多飲水

水是保證人體健康的重要物質。沒有水，食物在進入人體後就不能消化，人體就不能獲得所必需的營養。飯後適當地喝點水，對食物的消化吸收是很有幫助的，但是如果飯後飲水過多，就會感到脹飽、不舒服。同時，還會沖淡胃液的濃度，影響人體對食物消化和吸收。

人的胃每天都要分泌一點五公升至二點五公升的胃液。其中含有百分之零點四至百分之零點五的胃酸，而胃酸的化學成分是鹽酸。鹽酸能夠溶解蛋白質，幫助人體消化含有鐵質、鈣質的食物，甚至還可以殺死隨著食物進到胃裏的細菌。如果人吃完飯後立刻喝進大量的水分，就會沖淡胃裏的鹽酸，便會不利於腸胃的消化和吸收，也不利於消滅病菌，進而影響到人體的飲食健康。

忌 忌飯後吸菸

俗話說：「飯後一支菸，賽過活神仙。」其實，則是「飯後吸支菸，禍害大無邊。」在生活中很多吸菸者都有飯後吸菸的習慣，然而此時吸一支菸，菸中的有害物相當於平時吸十支菸的總和。因為，飯後胃腸蠕動加強，血液循環加快，這時人體吸收煙霧的能力也隨之增強，香菸中的有毒物質比平時更容易進入人體，加重對人體器官的損害程度。同時，菸中的尼古丁還會影響胃液分泌，使胰蛋白酶和磷酸鹽的分泌受到抑制，這些都會遏止食物的消化吸收。此外，飯後膽汁分泌增多，吸菸則會分泌更多的膽汁，長久如此會引發胃炎等疾病。

忌 忌吃飽就睡

有些人在吃完飯後有休息或乾脆睡覺的習慣，他們覺得自己胃口好、消化快，能吃能睡身體好。而也有一部分工作繁忙的人也常常很晚才吃飯，吃完飯不久便進入了夢鄉。這不但會影響到個人的休息，更容易導致消化不良，甚至引發十二指腸潰瘍、胃出血等多種消化系統疾病。同時，一些食物因胃腸蠕動的減緩，就會長時間的停留在胃內不能被消化，而在大腸內受到厭氧菌的作用時，產生胺酶、氨、吲哚等有毒物質。長期如此，就會增加肝腎的負擔，容易引起消化不良、腹脹等。

晚餐飽食後不久便入睡，會使機體熱量消耗更低（晚間活動相對較少，人體消耗的能量也減少）。食物中的營養物質在轉化成能量儲存時，合成大量的脂肪堆積於皮下以及其他部位，從而也很容易產生肥胖。

同時，充盈的腸胃會對周圍的器官造成壓迫，這些器官「被壓迫」的訊息和消化系統所產生的訊息，會一同回饋到大腦。這個時候人體雖然進入了睡眠狀態，但大腦的神經系統依然在強烈的活動，人們就會做夢，反而會更覺得疲勞，久而久之，就很容易引起神經衰弱等神經系統疾病。

早起早睡可以說是很多人的健康信條，更是大多數老年人的好習慣。但是很多人往往忽視了晚餐與睡眠之間的時間間隔，吃完晚飯不久便早早入睡，這種做法是十分不可取的。老年人的體質較差，更有必要將時間安排好，早睡早起並不是越早越好。從科學與健康的角度看來，晚餐與睡眠之間應當有四個小時左右的時間間隔最為適宜。

忌大量飲酒

酒的主要成分是酒精，這是一種純熱量的物質，每克酒精可提供約七千卡的熱量，遠遠超過主食的產熱量。人們長期大量飲酒，導致體內熱量過剩，最後轉化為脂肪產生肥胖。

如果少量飲用果酒、低度酒，不但可以增加胃液的分泌，還會增加食欲，促進人體的消化。有些人具有長期少量飲酒的習慣，但如果在節日或朋友相聚時會一改這種習慣。例如突然飲酒過量，或飲用烈性酒，則會增加高血壓、中風等疾病的發病機率，同時還會損害肝、肺和神經系統的功能，刺激胃黏膜，降低食欲，引起消化不良等各種胃腸疾病。這也符合《本草綱目》上所說的：「少飲則和氣血，壯神御風，消愁遣興；痛飲則傷神耗血，損胃亡精，生痰助火。」因此，在這裏有必要提醒大家，如果飲酒的話，一定要限量。

忌喝果汁代替吃水果

果汁是很多人的最愛，特別對愛美的女孩來說省事又營養。但實際上果汁並不能完全代替水果。因為果汁是通過搗碎或壓榨而從水果中提取的，在這個過程中，水果的某些維生素已經被破壞了，比如說果汁裏基本不含水果中的纖維素。而且為了延長存質期限或使顏色更美觀，果汁中經常會添加如甜味劑、防腐劑、凝固劑、防止果汁變色的添加劑等物質，這些添加劑都會影響到果汁的天然營養。而製作果汁過程中的高溫滅菌方法也會使水果的部分營養成分受損。因此，新鮮水果永遠是最佳選擇，不要用喝果汁來完全代替吃水果。

二、食物搭配宜忌

吃，真是一門很大的學問。各種美食之間，常常相沖相撞。如果將這些相沖撞的食物同食，不但不會得到美的享受，反而會損害身體，真是不可不防呀！日常生活中飲食搭配的宜忌基本原則是：陽虛症忌清補，陽虛症忌溫補，宜溫性食物，熱症忌辛辣，宜清補。

宜 飲食調配的五點講究

一是指每天需吃**一個水果**。在水果中，則以蘋果為最好，既有營養又可入藥，且有保健作用。同時，也可根據自身情況選擇香蕉、柑橘、柳橙等水果。這是因為：水果中含有大量維生素及纖維素，為健康人所必需的生理功能的調節素。

二是指每天最多**二匙油**。一天食用油量，是指炒菜烹調中的數量，在選用時，以天然的植物油和動物油各占一半為好。食用油既不可少吃，又不可多吃。在日常生活中，食用油除了麻油可以生吃外，其他油最好在炒菜烹調時加入使用。

三是指每天要吃**三碟蔬菜**。據研究，在蔬菜當中，所含的微量元素較為豐富，有許多是人體所必需的，尤其是新鮮的葉綠素及莖葉類的綠色蔬菜。因此，應根據實際情況，有選擇地搭配食用。當然，瓜果類的蔬菜也可適當吃些。

四是指每天**四碗飯或四個饅頭**。米飯或饅頭是人得以維持一天所需熱量的主要來源，堪稱人體內的奠基石。在日常生活中，最好是選擇穀類食物。

五是指每天食用**五份蛋白質**。為了吸收更為全面的營養和增加人體的免疫能力，每天最好吃一個雞蛋，一杯牛奶或豆漿，一碟魚或蝦類、貝類，一碟肉，一碟黃豆芽或豆腐。

宜 飲食宜葷素搭配

科學家的研究證明，合理營養的平衡膳食，應當是葷菜與蔬菜進行比例恰當的合理搭配，才能滿足人體對各種營養素的生理需求。

(1) **宜根據平衡膳食的要求，科學安排一日三餐**。一是堅持在每天的飲食中，不但要有包含大米、白麵等糧食製品，而且要有動物性蛋白和植物性蛋白相互補充的蛋白質食品；二是不但要有新鮮的黃綠色蔬菜，而且要有適量的脂肪；三是不僅要食精米細菜，而且要有點粗糧和含纖維素較多的芹菜、韭菜等食物搭配；四是不僅要吃正式的飯菜，而且要吃些含維生素豐富的新鮮水果。

(2) 宜根據保健飲食的要求，科學安排平衡膳食。根據測定，老年人飲食中的脂肪，不得超過一天攝入總熱量的百分之三十，其中動物脂肪不得超過三分之一；膽固醇不得超過一百五十毫克；蛋白質的需要量，每天每千克體重為一點二至一點五克。

在日常膳食中，堅持做到：一是以素食為主，葷食為輔；二是減少葷性脂肪，增加粗糧；三是增加薯類的攝入量，減少如蛋類、豬肉、羊肉等動物性蛋白；四是增加如大豆、豆腐、豆芽等植物性蛋白；五是適量增加纖維素、維生素、礦物質含量高的蔬菜和水果，增加含鐵質高的菠菜等。

宜 家庭膳食宜鹹甜混合食用

在家庭日常膳食安排中，中、晚餐多以鹹味菜為主，較少製作甜味菜肴，也很少同時食用一些甜味菜肴，會使味覺感受較為單調，長而久之，會影響味覺細胞的正常功能。

舌頭表面的各式各樣的小突起——味蕾，它是人的味覺器官，能感受酸、甜、苦、辣、鹹和金屬及各種食物或藥物特有的味道，即「廣譜」的味覺。在家庭膳食安排上，長期僅吃某一味道單調的食物，遠遠不能滿足味覺的需要，也就不能滿足對營養成分的需求。因此，科學合理的進食方法是，鹹、甜混合食用。比如：早餐牛奶是甜的，宜配淡麵包或微鹹的麵包。中、晚餐以成味的炒菜為主，不妨適當加一些甜食來調劑一下。這樣一來，不僅可以調劑味覺、增加食欲、促進消化，而且還會使味覺長久感受良好，有利於身體健康。

宜 麵包宜與哪些食品搭配

(1) **黑麥麵包＋雞蛋＋菠菜**。黑麥麵包含蛋白質比較少，適宜搭配雞蛋和菠菜，前者含豐富的蛋白質，後者含有較多的維生素B，可以補充損失了的維生素B。

(2) **麵包＋魚肉＋豆漿**。麵包含賴氨酸少，經常吃麵包的人，適宜搭配食用魚肉或豆漿，補充賴氨酸。

(3) **麵包＋雞肉＋胡蘿蔔＋芹菜**。麵包、點心含糖類多，適宜搭配清蒸的雞肉和胡蘿蔔、芹菜等蔬菜，以免熱量過多。

(4) **麵包＋富含維生素B的食物**。麵包裏含的維生素B，會損失百分之二十，如果加鹼蒸麵包，則會損失更多。因此，適宜搭配如芝麻醬、優酪乳、蘑菇、芹菜、豆腐等含有較多的維生素B的食物和紫菜、菠菜含有較多的維生素B的食物。這些食物有助於增強腸的蠕動和預防大腸癌。

宜 食用松花皮蛋宜配薑醋汁

松花皮蛋是用茶葉、石灰泥包裹鮮鴨蛋製成，這就使大量的兒茶酚、單寧和氫氧化鈉侵入蛋體的蛋白質中，使蛋白質分解，產生了一定的氨氣，有一股鹼澀味。食用松花蛋配用薑醋汁，不僅可以利用薑辣素和醋酸來中和鹼性，除掉鹼澀味，而且還可以利用薑醋汁中含有的揮發油和醋酸，破壞松花蛋在製作中使用的有毒物質——黃丹粉和蛋白質在分解過程中產生的對人體有害的硫化氫、氨氣等物質。

宜 動物油和植物油宜搭配食用

在生活中，有不少人害怕過多地食用動物脂肪，怕導致高血脂和肥胖，引起動脈硬化、冠心病等疾病，只食用植物油。現代醫學研究證明，偏食動物油或偏食植物油，均對人體健康不利。

一是動物油和植物油含不同的營養成分。據研究，動物油主要含飽和脂肪酸，飽和脂肪酸的熔點比較高；植物油主要含有不飽和脂肪酸，不飽和脂肪酸的熔點比較低。植物油在室溫下是液態的，動物油一般呈固態。一般認為，熔點高的飽和脂肪酸，容易凝固、沉澱在血管壁上，導致動脈硬化；熔點比較低的不飽和脂肪酸則相反。

二是動物油和植物油是脂溶性維生素的主要來源。動物油裏主要含維生素A和維生素D，這兩種維生素和人的生長發育有著密切關係。植物油裏主要含維生素E和維生素K，這兩種維生素和血液、生殖系統的功能密切相關。

三是動物油中含有較多的膽固醇，它在人體內有重要的生理功能。但是，如果中老年人血液中的膽固醇過高，則容易得動脈硬化、高血壓等疾病。植物油中不含膽固醇，而含豆固醇、穀固醇等植物固醇。值得指出的是，植物固醇不但不能被人體吸收，而且還能阻止人體吸收膽固醇。

四是植物油所含的不飽和脂肪酸和必需脂肪酸的量都比動物油高。研究證明，不飽和脂肪酸越多，熔點就越低，越容易被人體吸收。必需脂肪酸是人體新陳代謝不可缺少的物質，如果缺乏，人體則會受到不良影響。必需脂肪酸還能促使膽固醇變成膽汁酸鹽，阻止膽固醇在血管壁上沉積，對防止動脈硬化有一定作用。

現代營養學家認為，食物中的不飽和脂肪酸與飽和脂肪酸應該保持一定比例。我國成年人每人每月食油七百五十克，根據植物油與動物油中含不飽和脂肪酸與飽和脂肪酸量計算，即每人每月以食植物油二百五十克和動物油五百克較為適宜。因此，動物油和植物油宜搭配食用。

宜 豬肉宜配大蒜

在我國民間，素來有「吃肉不加蒜，營養減一半」之說。這句話確有科學道理。僅以維生素B_1為例，豬肉中含量比其他肉食含量平均高十九倍。但是，這種維生素不穩定，在人體停留時間短。在日常膳食中，如果能搭配大蒜食用，大蒜中蒜素與維生素B_1相結合，將其水溶性變為脂溶性，進而大大增加人體的吸收與利用，保健效果更佳。

宜 豆腐宜配魚

從營養學的角度看，豆腐和魚均為高蛋白食物。但是，它們所含的蛋白質和氨基酸組成不夠合理。比如：一是豆腐蛋白質缺乏蛋氨酸和賴氨酸；二是魚肉的蛋白質缺乏苯丙氨酸，營養學家將其稱之為「不完全蛋白質」。在日常膳食中，如果將兩種食物同吃，可以互相取長補短，使蛋白質的組成趨於合理，兩種食物的蛋白質均變成了完全蛋白質，營養價值大大提高。

宜 瘦肉宜配大蔥

據研究，在大蔥中含有一種稱為二烯酸二硫化物的成分，在日常膳食中，這種成分可與肉中蛋白質結合，一是味道更鮮美，吃起來更為爽口；二是可以提高蛋白質的消化、吸收與利用率。

宜 芝麻宜配海帶

芝麻與海帶同食，能收到美容抗衰老之雙重功效。一方面芝麻具有改善血液循環，促進新陳代謝的作用。芝麻含有的亞油酸，可以調節膽固醇；芝麻含有的維生素E，可抗衰老。另一方面，海帶富含鈣和碘兩種礦物元素，具有淨化血液，促進甲狀腺素合成的作用。在日常膳食中，兩種食物合二為一，抗衰美容之功效倍增。

宜 豬肝宜配菠菜

據研究，豬肝富含鐵、葉酸、維生素等造血營養原料；且菠菜中的鐵質與葉酸的含量不少，具有補血功能。在日常膳食中，如果兩種食物同吃，一葷一素，相輔相成，防治貧血效果最好。

宜 豆腐宜配蘿蔔

據研究，豆腐屬於植物蛋白，過多食用，可引起消化不良，如果與蘿蔔同食，可以消除這種不利因素。這是因為：蘿蔔有助消化作用，可以使豆腐中的養分大量被人體吸收，不會產生腹脹、腹瀉等不適症狀。

宜 韭菜宜配雞蛋

韭菜，為我國南北方人民喜愛吃的蔬菜之一。我國傳統中醫認為，韭菜能溫中、下氣、補虛、調和肺腑、益陽等，在日常膳食中，與雞蛋同炒，則相得益彰，可以起到溫補腎陽、行氣止痛的作用，對尿頻、腎虛、痔瘡以及胃脘疼痛等均有一定的療效。

宜 肉類宜配水果

據研究分析，一方面水果含有大量的鉀，參與人體代謝，可使體液呈弱鹼性；另一方面肉類含大量脂肪酸，在體內代謝後，容易使體液呈弱酸性。在日常膳食中，兩者同食，可以使體液保持酸鹼平衡。

宜 海帶宜配豆腐

據研究分析，一方面豆腐營養豐富，所含的皂角苷能促進食物內的碘排出，而被人體吸收；另一方面海帶含有大量的碘。在日常膳食中，如果兩者同食，可提高營養效能。

宜 羊肉宜配生薑

我國傳統中醫認為，羊肉補陽生暖，生薑驅寒保暖，相互搭配，暖上加暖，而且又可以驅外邪，治療腰痛。

宜 蔬菜宜配水果和魚肉

外國專家發現，合理地調整飲食結構，有助於降低血壓。研究表明，蔬菜、魚和水果是控制血壓的最佳飲食。這是因為：蔬菜中含有大量的纖維素，水果中的鉀、鈣、鎂等礦物質元素，以及魚所含的不飽和脂肪酸，有利於增加血管壁的彈性，從而降低血壓，使其恢復正常。

忌 人參、蘿蔔忌同吃

雖然人們把蘿蔔稱做小人參，但兩者卻是相剋的。兩者的藥理作用不同，不能同時服用。「蘿蔔生食升氣，熟食降氣。」服用人參大補元氣，若同時服蘿蔔卻是破氣。經此一補一破，人參的功效就完全喪失了。同時，蘿蔔有利尿消食的作用，吃了人參再吃蘿蔔，會加快人參有效成分從尿中流失，影響對人參的吸收。因此，蘿蔔、人參不宜同時服用。而且大部分的滋補品都有補氣作用，故均不宜與蘿蔔同時服用。

忌 喝牛奶時忌吃酸食

牛奶不宜與酸性食物同時飲用。因為牛奶進入腸胃後，先由胃蛋白酶和胰蛋白酶與牛奶中的蛋白質結合，然後進入小腸，此時如果吃進酸性水果或酸性飲料，會使奶中的蛋白質與果酸及維生素C凝成塊，不僅影響到營養的消化吸收，還會導致腹瀉、腹痛和腹脹等症。

忌 忌用豆漿沖雞蛋

豆漿沖雞蛋似乎是很多人的營養早餐，實際上這兩種食物並不適合一起食用。因豆漿中含有胰蛋白酶的抑制物質，它會抑制人體胰蛋白的活性，從而影響蛋白質的吸收；在生雞蛋的蛋白中，含有黏液性蛋白，可以和胰蛋白酶結合，阻礙蛋白質的分解。用豆漿沖生雞蛋，對兩者蛋白質的吸收和利用都是不利的。因此忌用豆漿沖雞蛋。

忌 柿子忌與紅薯、螃蟹同食

紅薯富含澱粉，進入胃部後會使胃部產生大量胃酸，而柿子則含有較多的鞣質和果膠，大量的胃酸和鞣質、果膠相遇，會凝聚形成難溶性的硬塊——胃柿石。這會導致人胃腸道不適，大的胃柿石如果排不出，還會刺激胃腸而導致出血、胃炎或潰瘍病，嚴重者還能造成胃穿孔甚至危及生命。同樣，螃蟹體內含有的蛋白質容易與柿子中的鞣質相結合，凝固成不易消化的物質，而鞣質因為具有收斂作用，還能抑制消化液的分泌，致使這種凝固物質滯留在腸道內發酵，容易使食者出現嘔吐、腹脹與腹瀉等食物中毒現象。

忌 蘿蔔忌與橘子同食

蘿蔔等十字花科蔬菜，在進入人體後，都可迅速產生一種叫做硫氰酸鹽的物質，並很快代謝產生另一種抗甲狀腺的物質——硫氰酸。此時，人體若同時攝入含大量植物色素的水果，如橘子，葡萄等，這些水果中的類黃酮物質在腸道被細菌分解後，即可轉化為羥苯甲酸及阿魏酸，這兩種物質都會加強硫氰酸對甲狀腺的抑制作用，從而誘發或導致甲狀腺腫。因此在吃蘿蔔後千萬不能大量食用橘子等有色水果。

忌 牛奶忌與巧克力同食

牛奶和巧克力同是高級營養食品，但卻不宜同時食用。因為牛奶富含蛋白質和鈣質，而巧克力是能源食品，含量最高的是草酸。如二者同食，則牛奶中的鈣與巧克力中的草酸，就會結合成草酸鈣，這樣就會影響機體對鈣的消化吸收。若長期同時食用，還可能造成頭髮乾枯、腹瀉，甚至出現缺鈣和生長發育緩慢等症狀。所以牛奶與巧克力千萬不要同時食用。當然，若間隔分開食用則無妨。

忌 春季櫻桃忌與動物肝臟同食

櫻桃是春季最先上市的水果，有「春果第一枝」的美稱。它不僅形味俱美，而且富含營養。櫻桃中含蛋白質、鈣、磷、鐵、胡蘿蔔素、B族維生素和維生素C等各種營養物質。但切記櫻桃不要與動物肝臟同時食用。因為動物肝臟中含有豐富的銅，鐵離子，而銅，鐵離子可以使維生素C氧化為去氫抗壞血酸，這樣會降低食物的營養價值。

三、四季飲食宜忌

四時調食，即順應自然界四時之變化，適當調節自己的飲食。這種四時調食的觀點是建立在中醫養生學整體觀念基礎上的。飲食是人體與外界聯繫的一個方面，所以在飲食方面也應該適應自然界四時氣候的變化，而做相應的調整。

宜 春天宜吃哪些粥

(1) 宜吃**豬肝粥**。豬肝粥具有補血明目、養肝健脾的作用，適合用於貧血、頭眩、目疾、肝病等病人。

(2) 宜吃**菠菜粥**。菠菜粥具有養血止血，斂陰潤煤，通利腸胃的作用。適合用於平素血虛腸枯而致大便秘結者，尤其是老年人慢性便秘、習慣性便秘，以及痔瘡便血、小便不利、高血壓引起頭暈等病人。

(3) 宜吃**紅棗粥**。紅棗粥具有補中益氣，養血安神的作用。適合用於貧血、慢性消化不良、神經衰弱、失眠等病人。

(4) 宜吃**黑米黨參粥**。黑米黨參粥具有補中益氣、健脾養目的作用。適合用於氣虛體弱、脾胃虛弱、全身倦怠無力、食欲不振、大便稀薄等病人。

(5) 宜吃**菊花粥**。菊花粥具有清熱解毒的作用。適合用於頭眩、目疾、高血壓、皮膚瘡癰等病人。

(6) 宜吃**蘿蔔粳米粥**。蘿蔔粳米粥具有消食利氣，寬中止渴的作用。適合用於素食肥甘、厚味較多而消化力較弱等病人。

(7) 宜吃**芝麻粥**。芝麻粥具有潤肺養肝、益精生髮、潤腸通便的作用。適合用於肝腎不足、頭髮早白、脫髮、肺燥咳嗽及便秘等病人。

(8) 宜吃**茼蒿粥**。茼蒿粥具有和脾胃、利二便、消痰的作用，適合用於肝氣不舒引起的疝氣疼痛，小便不利，肺熱咳嗽、痰稠難咯等病人。

宜 春初宜多吃蔥

大蔥中含有豐富的蛋白質、糖類、脂肪、胡蘿蔔素、維生素A以及多種營養成分和礦物質，還含有一種揮發油。這種揮發油中有一種叫植物殺菌素的成分，具有較強的殺菌或抑制細菌和病毒的功效。另外，蔥還具有發汗解熱、健胃、祛痰、利尿的作用。

蔥有兩種，一種是大蔥，一種是小蔥。大蔥是冬蔥，小蔥是夏蔥。大蔥辛溫，能「通達上下陽氣」。人體陽氣不通，表現為肢冷麻木，可食蔥治療。蔥白外敷有散結通絡下乳之功效，可治乳汁瘀滯不下、乳房脹痛等症。蔥頭所含的前列腺素A，還有舒張小血管從而減少血液循環阻力的作用，有助於防治高血壓，對腦力勞動者尤為適宜。在吃烤肉的時候，若是與蔥白同食，就能消除烤肉因烤得過火時所產生的致癌物質。

宜 春季宜吃樹上佳蔬

春季，萬物復蘇，樹木紛紛發芽。其中，如香椿芽、柳樹芽、枸杞芽、桑葉芽、槐樹芽等一些樹芽嫩頭，常常被人們採摘，清洗乾淨，入饌，成為純天然的綠色木本蔬菜。它們不僅味道鮮美，而且營養價值很高，被稱為「樹上佳蔬」。

(1) **柳樹芽**。柳樹芽，富含蛋白質等營養成分。如今，蘇、魯、皖等地的農村，還有春天取柳芽製作美食的習俗，有柳葉包子、柳芽翠烙、涼拌柳穗等菜點。柳樹芽除了食用外，還能泡茶飲，具有較高的食療價值。

(2) **枸杞芽**。枸杞的嫩芽，含有豐富的營養成分，具有補中益氣、健身明目的功效。

(3) **刺龍芽**。刺龍芽，別名樹頭菜，早春發出的嫩芽，採集後鹽漬炒食，清脆味爽，且有黃瓜鮮味，是出口的山野蔬菜品種之一。食前嫩芽需要在沸水中略燙，撈出，瀝去多餘水分，用油、鹽以急火炒熟即成。

宜 春天宜多進食黃豆芽

春天風大，乾燥，人們的活動量不斷地增加，如果體內缺乏維生素B_{12}，就很容易患唇炎、口角炎等疾病。黃豆芽是一種含維生素B_{12}豐富的蔬菜，春季乍暖還寒時，很多新鮮蔬菜還未上市，黃豆芽可謂家常菜肴，既經濟又有營養價值，經常食用黃豆芽，可以防治維生素B_{12}缺乏症。

購買黃豆芽，應選擇剛露頭的黃豆芽為好。這是因為：黃豆芽長得過長，維生素B_{12}的含量會減少。在烹飪過程中，注意應將黃豆芽炒熟，並加上適量的醋，以使維生素B_{12}少受損失。

宜 春天宜常吃芹菜

春季正是由寒轉暖的時候，此時陽氣生發，氣候溫暖多風，人體氣血趨向於表，聚集一冬的內熱散發出來，在春季膳食調配上，應多食用一些新鮮蔬菜。在蔬菜中，芹菜是春季的時令佳蔬，特別是鈣、鐵的含量較高，居新鮮蔬菜之首。因此，春天多食用芹菜，對身體健康大有益處。

忌 春季飲食四忌

春季有陽氣生發，胃腸積滯較重，肝陰易亢及春溫易發的特點，春季飲食有以下四忌。

(1) **忌食辛辣、溫熱的食物**。春季陽氣生發，而辛辣發散為陽，加重體內陽氣之上亢；此時，胃腸積滯而虛弱，再食溫熱、辛辣之品，必有損胃氣。

(2) **忌食酸澀的食物**。酸味入肝，並具收澀之性，食酸即補當令之肝氣，必有傷脾土，不利於陽氣的生發。

(3) **忌食不易消化的食物**。此時胃腸內熱較盛，有一時之積滯，再食不易消化之品，定會加重胃腸積滯，釀生痰濕。

(4) **忌大補**。春季陽氣應以生發為順，若行大補，必令肝鬱氣滯而陽氣生發受阻，導致肝氣鬱結。

忌 春季忌多進食油膩食物

春天，陽氣漸漸升騰，自然界萬物萌動，生機勃勃。溫暖的氣候影響著一切生物，人們根據這一時令的特點，進行飲食調理，以保障生命的正常活動。

春為肝氣當令，肝過旺則剋脾，使中土衰弱。所以，春季食物宜酸鹼適宜，以養脾氣，忌食油膩食物。

宜 夏季宜食哪些粥

(1)宜食**扁豆粥**。扁豆粥具有健脾化濕、和中消暑止瀉的作用。適合用於夏季中暑所致的吐瀉、食欲不振等病症。

(2)宜食**蛋花粥**。雞蛋花粥具有清熱利濕、解毒潤燥的作用。此粥是我國民間藥食兩用的保健食物，尤其小兒更為適宜，並對濕熱引起的下痢赤白、痢疾厚重及泄瀉等病症，有較好的療效。

(3)宜食**薏苡仁粥**。薏苡仁粥具有健脾除痹，利水滲濕的作用。適合用於食欲不振、腹瀉、水腫及皮膚扁平疣等病症。

(4)宜食**百合粥**。百合粥具有潤肺止咳、養心安神、滋陰清熱的作用。適合用於老年慢性氣管炎、肺熱或肺燥乾咳、涕淚過多、熱病恢復期餘熱未消、精神恍惚、坐臥不安，以及神經衰弱、肺結核、更年期綜合症等病症。

(5)宜食**赤豆粥**。赤豆粥具有消水腫、補血健脾作用。適合用於水腫病、腳氣、足腫、貧血等病症。

(6)宜食**絲瓜粥**。絲瓜粥具有清熱、化痰、涼血解毒的作用，適合用於熱病、身熱煩渴、痰喘咳嗽、腸風痔漏、崩帶、血淋、疔瘡、乳汁不通、癰腫等病症。

(7)宜食**綠豆粥**。綠豆粥具有消暑、健脾、解毒作用。適合用於糖尿病口渴，中暑及皮膚瘡癤等病症。

(8)宜食**黃瓜粥**。黃瓜粥具有清熱解毒、解渴、利水的作用。適合用於熱病、身熱口渴、黃疸、浮腫、熱痢等病症。

(9)宜食**荷葉粥**。荷葉粥具有清熱解暑、涼血止血的作用。適合用於夏季中暑所致的頭昏噁心、腹脹便溏、不思飲食及吐血、鼻出血等病症。

宜 夏天宜吃涼拌麵

中國醫學認為，小麥性平涼滑，無燥熱。現代營養學專家提倡，夏天養生宜吃涼拌麵。其實，在我國夏天提倡吃麵的風俗由來已久，早在宋代醫書《本草衍義》中就有記載：「三伏中，朝廷做麵，以賜臣下。」即當時的皇帝已經知道麥麵可清暑熱，消煩止渴，夏天多吃涼麵很合適。

宜 夏季宜多吃涼性蔬菜

現代醫學研究認為，氣候炎熱的夏季，對人體影響最大的因素是暑濕之毒。

當暑濕之毒侵入人體後，往往會導致汗毛孔張開，過多出汗，造成氣虛，引起脾胃功能失調、食物消化不良等病症。在現代生活中，肉類動物性食物增加，體質呈酸性，多內熱。因此，適當吃一些涼性蔬菜，有利於生津止渴，除煩解暑、清熱瀉火、排毒通便。在夏季上市的蔬菜中，如苦瓜、絲瓜、黃瓜、菜瓜、番茄、茄子、芹菜、生菜、蘆筍、豆瓣菜等，均屬於涼性蔬菜。

宜 夏季宜多吃黃鱔

每年的四月份至端午節前後，是黃鱔上市的季節。黃鱔經過春季的覓食攝生，圓肥豐滿，柔嫩鮮美，營養豐富，不僅食之味好，對各種身體狀況的人來說，都具有滋補功能。因此，我國民間向來就有「夏令黃鱔賽人參」之說。

黃鱔，又名鱔魚、長魚，形似長蛇，是一種生活在湖裏、池塘、稻田中的野生穴居魚，也是一種產於淡水的無鱗魚。民間稱鱔魚、甲魚、泥鰍、烏龜為「四大河鮮」。黃鱔，其質細嫩，味道鮮美，營養豐富。主要含蛋白質、脂肪、磷、鈣、鐵、灰分等營養成分。

鱔魚入饌，歷史悠久，款式多樣，是夏季餐桌上的佳餚，為世人鍾愛。據統計，全國鱔肴不下百種，尤其是江浙一帶的名廚高手，最擅長製作的便是鱔魚菜。以「江南麵王」盛名的杭州市奎元館為例，就有以「蝦爆鱔」聞名的麵食；湖州的「辣糊鱔絲」也是浙江的名菜；南京名菜「燉生敲」就是用木棒敲出鱔魚骨使之脫節，而後先炸後烹，這道菜的特點是：酥而不碎，油而不膩，口味極佳；還有肉嫩味濃的安徽菜「炒鱔糊」以及川菜「乾煸鱔絲」和「龍眼黃鱔」等。特別是淮揚菜「蝴蝶鱔片」最為有名，周恩來到杭州視察，尤其喜歡在樓外樓菜館品嘗這道名菜。

忌 夏季忌多吃寒涼食物

天氣轉熱，飲食也隨之調理，配合氣候的變化，才能達到夏季養生保健的最佳效果。所以，中醫學一直強調食療的好處，在夏令時節應選吃一些去濕清熱的食物，以加強抵抗力。如葛粉能促進體內微血管循環，預防高血壓及膽固醇，亦能去濕及降骨火，適合中風人士食用；赤小豆已得到科學證明，有利尿功效；冬瓜、蓮葉能消暑去濕；扁豆則能健脾去濕。

夏日炎炎，許多人愛吃冰凍食物，依靠冰凍食物來消暑。其實，這些寒涼食物，不但營養低，熱量高，而且更容易損脾胃，特別是體質虛弱或容易腹瀉人士，更應該忌吃為佳。

除「因時進食」外，還要應「因人進食」。夏日，不要盲目認為，多進食清涼解熱食物，對身體有好處。如有的人體質虛寒，對芥菜、西瓜等寒涼食物，應忌多吃。

宜 夏季宜多吃殺菌蔬菜

夏季，由於氣溫高，病原菌滋生蔓延快，它是人類疾病，尤其是腸道傳染病多發季節。因此，夏季多吃「殺菌蔬菜」，具有較好的防疾病作用。

在夏季蔬菜中，如大蔥、洋蔥、香蔥、青蔥、蒜苗等，均為殺菌蔬菜，人們在製作涼拌菜時，往往離不開它們。在這些蔥蒜類蔬菜中，含有豐富的廣譜殺菌素，對各種球菌、桿菌、真菌、病毒等，具有殺滅和抑制作用。如大蒜中含有大蒜素，為了充分發揮大蒜的殺菌防病功能，宜生食大蒜。

宜 夏季佐餐宜選擇紫菜

紫菜，又叫索菜、紫英，為典型的海洋蔬菜之一，素有「長壽菜」之稱。

紫菜不僅味道可口，而且富有營養價值。據科學研究分析，紫菜與營養價值較高的菠菜相比（含水量相等的菠菜乾品），除了抗壞血酸、鐵及胡蘿蔔素的含量稍遜於菠菜外，其他則與菠菜不相上下，而且紫菜裏的核黃素、蛋白質、糖、磷和硫胺素的含量都超過菠菜。

中醫學認為，紫菜味甘、鹹，性涼。具有軟堅、化痰、清熱、利尿、補腎、養心等功能。每日晚飯前喝上一碗紫菜湯，能治療便秘。紫菜還是一味治療胃潰瘍的良「藥」，常食紫菜，可防衰老，防貧血，治療夜盲症，降低膽固醇。

在炎熱的夏季，老年人多喝紫菜湯，能消暑熱，保持水鈉代謝平衡。紫菜雞蛋湯、黃瓜紫菜湯、肉片紫菜湯、雞片紫菜湯等清爽可口，是夏季佐餐的好選擇。

宜 夏季食葡萄宜連皮吃

葡萄，是夏季時鮮果品之一，葡萄的營養價值和甜美的風味，確屬上乘，深受人們的喜愛。

然而，夏季食葡萄宜連皮吃。其科學依據為：美國伊利諾伊藥科大學的研究小組的約翰·裴茲特博士等人在研究中發現，在葡萄皮中含有一種名為「雷斯貝拉葡勞魯」的物質，具有較好的抗癌作用。

研究人員通過對患有皮膚癌的實驗鼠投餵了十八周的「雷斯貝拉葡勞魯」，與患有皮膚癌而未餵這種食物的實驗鼠進行了比較，結果發現，前者癌細胞減少了百分之六十八至九十八。這種物質，對人體沒有副作用，並以葡萄皮和紅葡萄酒中含量最多。因此，夏季吃葡萄最好連皮吃。

宜 夏天喝綠茶最適宜

夏季，暑氣當令，氣候炎熱，大汗淋漓，人體內津液消耗大。在農曆四、五、六三個月裏，若要喝茶，從養生保健的角度說，以飲用性味苦寒的綠茶為佳，清湯綠葉，用以消暑解熱，給人以清涼之感。因此，宜常飲龍井、毛峰、碧螺春、珠茶、珍眉、大方等綠茶。祖國傳統中醫藥學認為，夏季喝綠茶，對身體大有益處。

綠茶，清鮮爽口，性味苦寒，具有清暑解熱、去火降燥、止渴生津的作用。滋味甘香的綠茶，富含維生素、氨基酸、礦物質等營養成分。所以，在驕陽似火的夏天，綠茶成為人們最佳保健飲品。經常飲用綠茶，既有消暑解熱、解毒之功，又有增補營養之效。

忌 夏季飲食三忌

根據夏季暑熱偏盛，胃腸功能減弱，易患腸道疾病及暑濕症等特點，夏季的飲食有以下三忌。

(1) **忌食濕熱、辛辣的食物。**濕熱、辛辣食物易助熱生火，令體內陽熱過盛，發為熱毒；且人體虛弱，元氣不足，食此類食物易耗液傷津。

(2) **忌過多食用苦味的食物。**《金匱要略》指出「夏不食心」，「心」即苦味的食物，進苦味助心氣而制肺氣，孫思邈也主張：夏七十二日，省苦增辛，以養肺氣。故夏季應忌食味苦之品。

(3) 忌食不潔的食物。夏季食物容易變質，應注意「病從口入」，不喝生水，不吃未洗淨的生菜瓜果，不吃變味的食物，以防發生腸道病變。

忌 夏季忌多吃生冷食物

夏季，是一年中天氣最熱的季節，也是萬物生長最茂盛的時令。由於氣候炎熱，揮汗如雨，唇乾口燥，心中煩熱，如果吃上一塊西瓜，或喝上一杯冰涼的冷飲，又解渴，又去暑，確實感覺愜意。因此，有的人往往貪圖一時之快，多吃生冷食物。殊不知，一切事物均以適度為宜，太過則生災禍，對身體健康不利。

忌 夏季忌食鹽過多

夏季，氣溫較高，人體出汗相對增多，汗水會帶走一定量的鹽分，適量補充鹽分，以保持體內鈉的平衡是非常必要的。但是，值得注意的是，忌鹽分攝入過多，對身體是有害的。

在日常生活中，許多老年人常抱怨自己易感冒，甚至在夏天也是這樣，他們以為是著涼引起的。有關專家認為，其實一部分人的感冒與食鹽過量有關係。

醫學研究發現，由於食鹽過量，使口腔的唾液分泌減少，從而也促使唾液中的溶酶也隨之減少。這樣一來，會使口腔黏膜的屏障保護作用降低，有利於感冒病毒在上呼吸黏膜中生存和擴散。因此，食鹽過多容易患感冒。

忌 夏季飲食忌過於清淡

夏季，氣候炎熱，人體出汗多，消耗也大，不但要損耗大量的體液，還要消耗體內的各種營養物質，如不及時補充無機鹽等營養成分，就可能發生體液失調，代謝紊亂。因此，夏季飲食忌過於清淡，要注意適當地多吃一些雞、鴨、瘦肉等食物，以補充人體損耗的物質。

忌 夏季忌直接食用外賣的熟肉製品

夏季，氣溫較高，細菌繁殖很快，從市場上買的熟肉製品，很容易變質變壞，特別是熟肉、豬腸、熟大腸及各種灌腸食品，被蒼蠅爬叮和灰塵污染後，各種腸道細菌會很快生長繁殖，直接食用這類熟肉製品，很容易得病。因為出鍋以後的熟肉製品，易受器具和空氣中灰塵的污染。據研究，放置八小時後，細菌數可增長數倍，經十小時運到商店，即可增長到幾十倍，在各銷售部門五小時後，即可增長到上百倍。在適宜的溫度和濕度條件下，細菌在熟肉製品中的繁殖速度更是驚人。因此，在夏季買回熟肉製品後，一定要加熱消毒以後，再食用才安全衛生。所以，夏季忌直接食用外賣的熟肉製品。

宜 秋冬進補宜食粥

(1) 宜喝**銀耳大米粥**。銀耳，富含豐富的碳水化合物、脂肪、蛋白質以及硫、鈣、鐵、鎂等，是一味滋陰、潤肺、生津的滋補佳品。

(2) 宜喝**蓮藕大米粥**。傳統醫學認為，熟藕味甘。具有補血生津、健脾開胃、除燥潤肺的作用。

(3) 宜喝**山藥大米粥**。傳統醫學認為，山藥味甘，性平，具有滋潤除燥的作用。

(4) 宜喝**胡蘿蔔大米粥**。傳統醫學認為，胡蘿蔔味甘，性平，具有下氣、利胸膈、補中、安五臟的作用。適合用於治療便秘、腸胃不適、飽悶氣脹、消化不良等病症。

(5) 宜喝**馬鈴薯大米粥**。傳統醫學認為，馬鈴薯味甘，性平，具有健脾和中、益氣調中之效。適合用於治療胃燥、胃痛、便秘等病症。

宜 秋季宜多吃茄子

茄子，為秋季上市的大宗蔬菜之一，它品種較多，按其形狀分，常見的有圓茄、燈泡茄、線茄三大種類。

茄子，含有豐富的維生素A、維生素B_1、維生素C、維生素D、蛋白質和鈣，使人體血管變得柔軟。茄子還能散瘀血，故可降低血管栓塞的機率。此外，茄子還有以下一些功效：

(1)可防治出血性疾病。紫茄子富含B族維生素，可改善毛細血管脆性，防止小血管出血，對高血壓、動脈硬化、咯血、紫癜等均有一定防治作用。

(2)可防治高膽固醇血症。茄子纖維中所含的皂苷，具有降低膽固醇的功效。

(3)防癌。茄子中含有龍葵素，它能抑制消化道腫瘤細胞的增殖，特別對胃癌、直腸癌有抑制作用。

(4)可防治內痔便血。茄子有清熱活血、消腫止痛之效。

宜 秋季宜食蓮藕

蓮藕，又稱蓮根、湛露，屬睡蓮科，為多年生大型水生草本植物。鮮藕既可生食、涼拌，也可炒菜。老藕磨碎製成藕粉，開水沖食，別具風味，也是老幼婦孺及病患者的良好補品。藕的藥用價值也很大，李時珍謂之曰「靈根」，有解渴、醒酒、止血、散瘀之功效，並能祛瘀生新。

秋季雨水稀少，氣候乾燥，根據「燥則潤之」的原則，秋天的營養和飲食應以養陰清熱、潤燥止渴、清心安神的食物為主。蓮藕正是這個季節符合上述要求的蔬菜，所以，秋季養生宜食蓮藕。

宜 秋季宜多吃蘋果

蘋果為世界四大水果之一，其營養價值頗為豐富，富含糖、鐵、蛋白質、脂肪、粗纖維、鈣、磷、鉀、胡蘿蔔素、維生素、柚皮苷、山梨醇、果膠等。蘋果的保健作用是多方面的，蘋果中的果酸，可以保護皮膚，並有助於治療痤瘡及老年斑；兒童常吃蘋果，可促進大腦發育，增強思維記憶力；高血壓患者常吃蘋果，可以降低血壓；大便秘結者常吃蘋果，可以潤腸通便。

經常吃蘋果，還有防癌抗癌作用。吃蘋果，可以增加腸道內纖維素，使腸內膽固醇降低，並使大便易於排出，也可減少腸癌的發生。另外一個協同作用是蘋果中的果膠，由於化學工業的發展，致癌的放射性氣體污染嚴重，而果膠可以與氣體中的放射性元素結合，並促使這種結合物從體內排出，減少癌的發生。蘋果中豐富的維生素C，也是抗癌的有效成分之一。蘋果中這些成分的綜合作用使蘋果具有較好的保健作用。因此，秋季常食蘋果有利健康。

宜 秋冬之交宜吃哪些蔬菜

秋冬之交，飲食的原則是以「甘平為主」，即多吃有清肝作用的食物。諸如：豆芽菜、胡蘿蔔、菜花、芹菜等，其吃法也要求多種多樣。

(1) **豆芽菜**。黃豆、綠豆中含有大量的蛋白質、脂肪和碳水化合物，以及鈉、鐵、磷、鈣等人體必需的微量元素，豆生芽後，不但能保持原有的物質，而且增加了維生素的含量，有利於消除疲勞。豆芽中的葉綠素，可以防治直腸癌。

(2) **胡蘿蔔**。中醫學認為，胡蘿蔔味甘平，食之補脾健胃。秋末胡蘿蔔以燉食最好，炒食為良。燉食能保持胡蘿蔔素百分之九十三以上，炒食也可保持胡蘿蔔素百分之八十以上。

(3) **菜花**。菜花含有豐富的維生素類物質，每二百克新鮮菜花，可為成年人提供一天所需維生素A的百分之七十五以上。其維生素C的含量更為突出，每一百克可達八十毫克，比常見的大白菜、黃豆芽含量高三到四倍，比柑橘的含量多出兩倍。

(4) **芹菜**。中醫學認為，芹菜性涼，味甘辛，無毒，平肝健胃，富含蛋白質、糖類胡蘿蔔素、維生素C、氨基酸等，能興奮中樞神經，促進胃液分泌，增進食欲，並有祛痰作用。芹菜可與香乾、肉絲等炒食，兼具色彩鮮豔，味道清香的特點。

(5) **小白菜**。中醫學認為，小白菜味苦微寒，養胃和中，通暢利胃。富含維生素C和鈣質甚多，還含磷、鐵、胡蘿蔔素和B族維生素等。還有一種洋白菜，即捲心菜，能益心腎，健脾胃，對胃及十二指腸潰瘍有止痛促進癒合的作用。

(6) **茼筍**。茼筍肉質細嫩，生吃熱炒均相宜。秋季常吃茼筍，可增強胃液和消化液的分泌，增進膽汁的分泌。此外，秋季患咳嗽的人，多吃茼筍葉，還可平咳。

宜 秋末冬初宜吃梨和甘蔗

秋末冬初，氣候乾燥，常常使人感到鼻、咽乾燥不適。根據專家的研究，這個季節帶有保健醫療性質的水果，要數梨和甘蔗了。

中醫認為，梨有生津止渴、止咳化痰、清熱降火、養血生肌、潤肺去燥等功效，最適宜於冬春季節發熱和有內熱的病人食用。尤其對肺熱咳嗽、小兒風熱、咽乾喉痛、大便煤結症較為適宜。

甘蔗，具有滋補清熱的作用，含有豐富的營養成分。作為清涼的補劑，對於低血糖，大便燥結，小便不利，反胃嘔吐，虛熱咳嗽和高熱煩渴等病症有一定的療效。勞累過度或饑餓頭暈的人，只要吃上兩節甘蔗就會使人精神重新振作起來。

此外，適合於秋末冬初食用的水果還有蘋果、香蕉、橘子、山楂等。

宜 秋季養生宜飲青茶

秋季，天氣不斷收斂，由於空氣中缺乏水分的濡潤而成為肅殺的氣候。在這樣的季節裏，如果飲茶，宜飲用青茶，如烏龍、鐵觀音、水仙、鐵羅漢、大紅袍等。

青茶，具有湯色金黃、外形肥壯均勻，緊結捲曲，色澤綠潤，內質馥郁，其味爽口回甘等特點。

傳統中醫學認為，青茶介於紅、綠茶之間，不熱不寒，秋季常飲用青茶，具有潤膚、益肺、生津、潤喉，清除體內餘熱，恢復津液的作用。所以，青茶已成為金秋時節養生的時尚飲品。

宜 冬季宜喝哪些粥

(1) 宜喝**二乳粥**。二乳粥具有補虛損、潤五臟的作用。適合用於體質衰弱、氣血虧損、病後虛羸、便秘等病症。

(2) 宜喝**雞汁粥**。雞汁粥具有滋補氣血、安養五臟的作用，適合用於虛勞諸證，精血虧損，腎氣不足，產婦營養不足等病症。

(3) 宜喝**胡桃粥**。胡桃粥具有補益身體的作用。適合用於老人、小孩體弱者食之。

(4) 宜喝**栗子粥**。栗子粥具有養胃補腎、壯腰膝、強筋骨的作用。適宜於腎虛腰酸、腿足無力，以及中老年多尿者服食。

(5) 宜喝**芍藥知母紅糖粥**。芍藥知母紅糖粥具有祛風除濕、止痛的作用。適用於四肢關節疼痛、腳腫、頭眩氣短等病症。

忌 秋季飲食三忌

秋屬金，其氣燥，通於肺，主收斂，燥邪當令。根據秋季燥邪當令，人體津虧液燥，陽氣虛弱，內火偏甚的特點，秋季飲食有以下三忌。

(1) 忌食**辛熱香燥的食物**。這類食物，可以加重內熱，使燥邪侵犯人體，應食甘寒滋潤的食物，以保護體內津液。所以，忌食辛熱香燥的食物。

(2) 忌食**油膩煎炸的食物**。這類食物，均難以消化，秋季食用後，容易積於腸胃之內。加之，脾胃功能較弱，會加重體內積滯之熱，不利於人體適應秋季乾燥的特性。所以，忌食油膩煎炸的食物。

(3) 忌食**黴變的食物**。初秋之時，天氣悶熱，陰雨綿綿，空氣潮濕，食物易返潮、變黴。如果食用黴變的食物，對身體健康很不利。所以，秋季在飲食上，應多加注意，忌食黴變的食物。

忌 秋季吃螃蟹四忌

(1) 忌吃**生河蟹**。河蟹是在江河湖澤的淤泥中生長的，以動物屍體或腐殖質為食，牠的體表、鰓及胃腸道中佈滿了各種細菌。因此，在食用前，應注意清洗乾淨，蒸熟透後，再食用。

(2) 忌吃**死蟹**。蟹死後，其僵硬期和自溶期大大縮短。蟹體內的細菌，會迅速繁殖，並擴散到蟹肉中去。在弱酸條件下，細菌會分解蟹體內的氨基酸，產生大量組胺和類組胺物質。組胺，會引起過敏性食物中毒；類組胺，會使食者嘔吐、腹痛、腹瀉。

(3) **忌吃蟹胃腸心**。在吃蟹時，一要清除蟹胃（在背殼內前緣中央似三角形的骨質小包）；二要清除蟹腸（由胃到臍的一條黑線）；三要清除蟹心（俗稱六角板）。進行三除再食用，可免引起中毒。

(4) **忌吃得太多**。蟹肉性寒，脾胃虛寒者尤應注意，不要吃過量，以免引起腹痛、腹瀉。

宜 冬季進補宜食羊肉

羊肉，營養豐富，為冬季補身健體的美食。羊肉有暖中祛寒，溫補氣血，開胃健力，益胃氣，補陰衰，壯陽腎，增精血之功，還可通乳治帶，有益產婦。

羊肉，在冬季食用對身體更為有益。因為，羊肉所含的熱量比牛肉還高，冬天吃羊肉，可促進血液循環，可改善因陽氣不足而導致的手足不溫、畏寒怕冷等症狀。羊肉中鐵、磷等物質含量比其他肉類多，適合於各類貧血者食用。婦女、老年人氣血不足、身體瘦弱、病後體虛等，冬季不妨多吃羊肉，可養氣血、補元陽、益腎氣、療虛弱、安心神、健脾胃、禦寒氣、健體魄。

北風呼呼，手腳冰冷，享用一盅淮杞燉羊肉，則祛寒生暖，補氣旺血，手腳暖和，增強人體的抗寒能力。

宜 冬季宜食魚鰾

魚鰾，俗名魚泡，其主要成分為高級膠原蛋白、黏多糖，並含有多種維生素及鈣、鋅、鐵、硒微量元素。因此，魚鰾成為冬季人們進補的食療佳品。

魚鰾味甘性平，養血止血，補腎固精。用魚鰾配合中藥可治療消化性潰瘍、肺結核、風濕性心臟病、再生障礙性貧血及脈管炎等疾病。另外，魚鰾還能增強胃腸道的消化吸收功能，提高食欲，有利於防治食欲不振、厭食、消化不良、腹脹、便秘等疾病。魚鰾還能增強肌肉組織的韌性和彈力，增強體力，消除疲勞，滋潤皮膚，使皮膚細膩光滑。魚鰾加強腦與神經及內分泌功能，促進生長發育，維持腺體正常分泌，並可防治智力減退、神經傳導滯緩、小兒發育不良、產婦乳汁分泌不足、老年健忘失眠等病症。

由於魚鰾含有大量膠質，具有活血、止血、補血、禦寒、祛濕等功能，能提高人體機體免疫力。所以，冬季宜食魚鰾。

宜 冬季宜多食用紅棗

紅棗，為我國民間常用滋補佳品。冬季進補，多食用紅棗，不僅能大補氣血，而且還能防治眾多的疾病。

紅棗，是我國著名的特產，質細味甜，個大核小，皮薄肉厚，營養比較豐富，鮮棗的可食部分達百分之九十一，蛋白質含量較梨高十一倍左右，脂肪和糖的含量都是梨的兩倍。每一克可食部分，含鈣十一毫克，磷廿三毫克，鐵零點五毫克：尤其突出的是維生素C的含量極高，為四百至六百毫克，居鮮果之首，國外稱之為「活的維生素丸」。此外，還含有澱粉、胡蘿蔔素、單寧、有機酸等物質，B族維生素的含量也是百果之冠；新近的研究還發現，紅棗內含有多種抗腫瘤的活性因子，如三萜類化合物、山楂酸，還含有大量的環磷酸腺苷，後者是參與正常細胞生理代謝的一種重要物質，因此紅棗還是抗癌防衰老的天然保健食品。

在我國民間流行的紅棗雛雞、紅棗煮粥、紅棗燉羊肉、黑棗燉豬蹄等食用方法，進補效果均較好。

宜 冬季宜常吃松子

松樹是長壽樹種之一，常與柏樹一起被人們作為長壽的象徵。松子，為松樹的種子。它也是冬季人們養生保健最佳食品。

松子性溫甘，具有補虛養陰、潤肺生津、滑腸通便的功效，是一種滋補強壯良藥。據古代醫書記載，常食松子的老弱者，能鶴髮童顏，潤膚美容，延年益壽。

松子，營養豐富，食用價值高。現代科學研究表明，每一百克的松子富含蛋白質一點六七克，碳水化合物九點八克，脂肪六三點五克，還含有鐵、磷、鈣等礦物質及豐富的揮發油。其中所含脂肪中以飽和脂肪酸為主，能促進膽固醇代謝，消除動脈血管壁上的沉積物，也可消除皮膚上的老年斑。

宜 冬季宜多飲紅茶

秋去冬來，氣溫驟降，寒氣逼人，人體生理機能減退，陽氣漸弱，對能量與營養的要求較高。具體地說，在農曆的十、十一、十二三個月裏，養生之道，貴於禦寒保暖，提高抗病能力。紅茶是冬季最佳飲品之一。因此，冬季適宜喝祁紅、閩紅、壺紅、川紅、粵紅等紅茶。祖國傳統中醫學認為，紅茶性味甘溫，含有較多蛋白質，可以補益身體，善蓄陽氣，生熱暖腹，增強人體對寒冷的抗禦能力。

此外，冬季人們的食欲增強，進食油膩食品增多，常喝紅茶可去油膩、開胃口、助養生，使人體更好地順應自然環境的變化。

忌 冬季吃火鍋八忌

(1) **冬季忌使用銅製火鍋**。冬季很多人都喜歡吃火鍋，而且喜歡使用銅製火鍋。殊不知，銅製火鍋在長時間的使用摩擦下，銅質裸露在外，在受空氣和潮濕的作用下，很容易生成硫酸銅。這種硫酸銅，對人體黏膜具有很強的腐蝕性，輕者可引起口腔、食道、胃腸道黏膜充血、紅腫、刺痛、局部潰瘍，還可出現噁心、嘔吐等症狀；情況嚴重者可出現脫水、休克、腦溢血等嚴重後果。所以，忌使用銅製火鍋。

(2) **忌多吃燙食**。冬季，在吃火鍋的過程中應注意，鍋裏的溫度高，從火鍋裏取出鮮燙的食物，不宜馬上送入口中。由於熱食容易燙傷口腔和食道黏膜，造成潰瘍，破壞舌面味蕾，降低食欲。所以，最好是把火鍋裏的菜肴撈在調料碗中，蘸上調料慢慢吃。另外，過燙的食物對於牙齦、牙齒也有危害，容易引起過敏性牙病，燙食還與食道癌、咽喉癌的發生有著密切聯繫。所以，忌多吃燙食。

(3) **忌多吃生食**。冬季，在吃火鍋的過程中，應注意肉與蔬菜常沾有細菌和寄生蟲卵，生菜、生肉必須煮熟後再食用，如果貪圖鮮嫩，不熟便吃，易得腸道疾病。所以，忌多吃生食。

(4) **忌多吃過辣**。冬季，氣候寒冷，不少人喜歡用辣椒來抗寒。但是，值得注意的是，所用調料辣椒要適當，吃進過辣或過多的辣椒，對胃黏膜有損害。所以，忌多吃過辣。

(5) **忌火鍋菜燉煮過久**。冬季，火鍋菜應當熟了就吃，如果煮得過久，就會損失營養成分。所以，忌燉煮過久。

(6) **冬季吃火鍋時間忌太長**。吃火鍋時，往往是人多房間小，室內溫度高、空氣不流通，室內缺氧，木炭燃燒不徹底，產生大量的一氧化碳，容易使人中毒。因此，親朋好友在舉杯飲酒、品嘗火鍋時，千萬莫忘記將木炭燃燒完全，就餐的時間忌過長。

(7) **冬季忌多喝火鍋湯**。冬季，火鍋湯的配料多為海鮮、肥牛、嫩羊、青菜等。這些材料混合在一起經過較長時間的熬製，味道儘管鮮美，但其湯汁中也熬出了濃度較高的「普林」。這種物質進入人體經消化分解，再由肝臟生成後，可形成尿酸。進而會影響胃腸功能，甚至會出現胃腸消化功能減退、排泄受阻，致使過多的尿酸沉積在體內。從而影響身體健康而誘發疾病。所以，冬季忌多喝火鍋湯。

(8) **忌食用過夜的火鍋剩菜**。研究表明，在吃火鍋剩下過夜的菜和湯中，所含的酸、鹽等成分與金屬等器皿起化學反應，不僅影響火鍋壽命，人吃了這樣的食物對健康也不利。所以，忌食用過夜的火鍋剩菜。

忌 冬季食用羊肉三忌

(1) **冬季吃過羊肉忌喝茶**。因為羊肉中含有豐富的蛋白質，而茶葉中含有較多的鞣酸，如果吃過羊肉，就立即喝濃茶，茶水中的鞣酸便會與羊肉中的蛋白質結合，生成具有收斂作用的鞣酸蛋白質，會使腸的蠕動功能減弱，大便中的水分減少，導致排便不暢。從而進一步發生便秘。所以，吃羊肉後忌馬上喝茶。

(2) **冬季涮羊肉忌太嫩**。這樣做容易感染上旋毛蟲病。涮肉時，一次不要煮肉太多，待肉變色，血色退盡後，再取出食用，做到：不吃未熟的肉片，就可以預防旋毛蟲病的發生。所以，冬季涮羊肉忌太嫩。

(3) **冬季忌多吃烤羊肉串**。烤羊肉串，屬於高溫速製食品，常常是表面焦化而中心部分仍半生不熟。在生羊肉中，可能侵染有多種病菌，如布氏桿菌、結核分枝桿菌等，還可能存活某些寄生蟲如肺絲蟲、華支睾吸蟲、細粒棘球絛蟲等，如果食用這些半生不熟的烤羊肉串，難免會感染病菌或寄生蟲而患病。所以，為了身體健康，冬季忌吃街頭烤製的羊肉串。

四、飲食烹飪宜忌

提起烹調，大多數人就會自然而然地聯想到蒸、煮、煎、炸等。但是在日常的生活中，很多家庭主婦都存在著一些不恰當的烹調做法。對她們來說，這種烹調習慣早已習慣，但是需要引起大家注意的是，要摒棄那些不科學的、不合理的烹調習慣。

宜 肉類食品宜燜

在烹飪時，肉類食品宜採用燜熟，這樣比油炸的營養要高。肉類在烹飪的過程中，某些營養物質會遭到破壞，而採取不同的烹飪方法，損失的程度卻不一樣。其中損失最多的有：在油炸的過程中，蛋白質可損失百分之八至十二，燜時損耗要少得多；在油炸的過程中，B族維生素損失百分之四十五，燜為百分之三十。所以，肉類在烹飪過程中，以燜肉損失營養成分最少。

此外，把肉剁成肉泥與麵粉混合，損失的營養成分最少，其營養價值的損失要比直接油炸或煮分別減少一半。

宜 燉魚宜加的調料

在燉魚時，宜講究方法：一是適量加點**醋**；二是適量加點**啤酒**。這樣燉魚，會使魚味更加鮮美。這樣做的原因有二：一是燉魚時加入適量的醋，可以使其酸度增加，促使蛋白質分解，使魚肉易爛味香，容易被人體吸收。此外，醋還能使骨組織軟化，使魚骨細胞中膠質分解出鈣和磷，供機體吸收，增加了營養價值；二是燉魚時，加入一些啤酒，酒中含有少量酒精，又含有多種氨基酸和維生素，有助於魚脂肪分解，還能產生酯化反應，使魚味更加鮮美。

宜 煮雞蛋宜冷水下鍋

雞蛋，含有豐富的營養，有人說它是「人類理想的營養庫」，營養學家則稱其為「完全蛋白質的模式」。在日常生活中，雞蛋是一種經常食用的食品。但是煮雞蛋要得法，宜冷水下鍋。

一是從雞蛋的結構上看，它分成蛋黃、蛋清和蛋殼三層。蛋黃凝固的溫度為六十八度至七十一度，蛋清凝固的溫度為五十二度至六十四度；二是烹調的角度來講，一方面煮雞蛋時，如果火太大，位於蛋黃外面、凝固溫度低的蛋清，會迅速凝固且變硬，阻礙熱量繼續向蛋黃內傳遞，可影響凝固溫度較高的蛋黃凝固，使煮出來的雞蛋蛋清熟而蛋黃未熟；另一方面，如果煮的時間過長，蛋白質過度變性，雞蛋會變得很硬，既不好吃，又影響消化吸收。

所以煮雞蛋要用冷水下鍋，緩慢升溫，水開後煮兩分鐘左右關火，保溫五至六分鐘，再取出，冷一下，即可供食用。

宜 蔬菜宜現炒現吃

現在，由於生活節奏的加快，有不少家庭為了圖方便，一次會炒很多菜，放在冰箱內。到食用時，將炒熟的菜回鍋重新熱一下，其實，這種做法是很不科學的。

據研究表明，將炒熟的蔬菜又重新回到鍋裏加熱，會使營養素部分損失，而且放置時間越長，回鍋重熱的次數越多，其維生素的損失也隨之增多。如將炒熟的菠菜放在六十度下，經過兩小時，維生素C損失率達到百分之三十五，經過四小時，維生素C的損失率達到百分之五十；在室溫下，炒熟的四季豆經過五小時，維生素C的損失率為百分之四十五，捲心菜為百分之五十五，馬鈴薯為百分之八十，黃瓜為百分之七十八。同時，熟菜經過回鍋加熱，色澤不豔、香氣減弱、味道欠佳，影響食欲。

所以，除了少數適宜生吃的蔬菜之外，絕大多數的蔬菜均宜現炒現吃。這樣，才能保持菜的色澤鮮豔，香氣宜人，味道可口，而且能更多地攝取菜中的營養。

宜 蔬菜宜混炒食用

現在有不少人習慣於單一的炒菜。其實，將幾種蔬菜合在一起炒，既會增加營養價值，又可增進食欲。在蔬菜中，含有豐富的維生素、無機鹽、纖維素和果酸等，是人體所需營養的重要來源。據介紹，維生素C在深綠色蔬菜中最為豐富，而黃豆芽富含維生素B_2如果用黃豆芽炒菠菜，則兩種維生素均可獲得。柿子椒中富含維生素C，胡蘿蔔中富含胡蘿蔔素，馬鈴薯中富含熱量，如果將三者合炒，則既可達到營養互補，又可增進食物的色香味；紅色、綠色菜肴可促進食欲，如果在萵苣中加入胡蘿蔔片、鮮紅辣椒片，則使菜肴色澤鮮豔；放入一些生香菜，則可使菜肴變香，而番茄也可使菜變成紅色並含酸味，促進食欲。

宜 竹筍宜燒透後再炒

竹筍，可分為冬筍、春筍、鞭筍三類，均是富含營養的美味。但是，如果竹筍烹調方法不當，會影響人體吸收營養素的效果，甚至會加重某些患者的病情。

鮮筍不僅味道鮮美，脆嫩可口，而且含豐富的蛋白質、脂肪、糖類、胡蘿蔔素和B族維生素、維生素C，以及鈣、鐵、磷、粗纖維等營養成分。一方面鮮筍含有多量的草酸，食用以後，會影響人體對鈣的吸收。因此，在炒之前，先把竹筍用開水燒三至五分鐘。這樣一來，使竹筍中大部分草酸分解，除去澀味；另一方面在燒炒時，必須時間久點，將竹筍燒熟煮透，可以提高口味，減少草酸對人體造成的危害。所以，竹筍宜燒透後再炒。

忌 煲湯時間忌過長

長期以來，人們認為「煲湯時間越長，湯就越有營養」。這種烹調習慣是不科學的，希望能引起大家的注意。一些家庭對湯尤為鍾愛，而且一煲就是大半天，他們認為只有這樣煲出來的老湯營養含量才是最高的。煲湯時間適度延長的確有益於營養成分的釋放和人體吸收，但時間過長就會對營養成分造成一定的破壞。

煲湯的原料以肉類等含蛋白質較高的食物為主。蛋白質的主要成分為氨基酸類，如果加熱時間過長，氨基酸遭到破壞，營養反而降低，同時還會使美味佳餚失去應有的鮮味。煲湯時，長時間的加熱也會破壞蔬菜中的維生素，使湯起不到滋補的功效。尤其是維生素C，遇熱極易被破壞，煮沸二十分鐘後幾乎所剩無幾。因此，長時間煲湯後，雖然看上去湯很濃，但是，隨著湯中水分的不斷蒸發，其中豐富的營養也在漸漸地流失。

在煲湯時，一般文火慢燉一至一個半小時較為適宜，此時湯不僅營養豐富，而且口味鮮美、醇香四溢。但也要注意一些食物，煲湯的時間則需要更短。比如魚湯，魚肉較為細嫩，煲湯時間不宜過長，只要湯燒到發白即可，再繼續燉不但營養會被破壞，魚肉也會變老、變粗，口味不佳。一些家庭在煲湯時喜歡在湯裏放些人參、冬蟲夏草等滋補藥材，認為這樣煲出的湯不僅營養豐富，而且具有很高的療效。但是，人參類含有人參拈皂苷，煮得過久就會分解，失去補益的作用。因此，這時煲湯的最佳時間是四十分鐘左右為宜。如果湯裏想要放些蔬菜，必須等湯煲好之後隨放隨吃，以減少維生素的損失。

宜 炒菜後宜及時刷鍋

現在不少人在烹調完菜肴以後，鍋底上往往留存一層黃棕色或黑褐色的黏滯物，如果不及時刷鍋，繼續炒第二道菜，不僅容易黏鍋底，還會出現焦味。在食用此菜後，對身體的健康也有潛在的隱患。

因為，菜肴大多是含碳有機物，其熱解會轉化為強致癌物苯並芘。科學研究證實，包括脂肪、蛋白質在內的含碳有機物，轉化為苯並芘的最低生成溫度為三百五十度至四百度，最適合生成溫度為六百度至九百度。據測定，擱在爐火上無菜肴的鍋底溫度能達四百度以上，鍋底上的殘留物質容易轉化為苯並芘。其次，鍋底的黏滯物繼續加熱，其中的苯並芘的含量比任何煙火熏烤的食物都高。尤其是烹調魚、肉之類的富含蛋白質、脂肪的菜肴時，鍋底殘留物中的苯並芘的濃度更高。在這種情況下，不刷洗鍋，繼續烹調菜肴，苯並芘就會混入食物中。因此，為了防止致癌物對人體的危害，應提倡「炒一道菜，刷一次鍋」。

忌 忌用開水蒸饅頭

蒸饅頭不宜用開水，因為生饅頭突然放入開水的蒸籠裏，急劇受熱，饅頭裏外受熱不勻，容易夾生，蒸的時間也長。但是，如果鍋裏放的是涼水，溫度上升緩慢，饅頭受熱均勻，即使饅頭發酵差點，也能在溫度緩慢上升中彌補不足，蒸出的饅頭又大又甜，還比較省火。

忌 忌用熱水燙菜

吃過麻辣燙的人都知道，裏面的蔬菜都是在開水中燙出來的。很多人在家做菜時，也習慣把蔬菜放入熱水中浸燙一下再烹製加工。雖然這樣能減少烹製時間，但是蔬菜中的營養素卻遭到了極大的破壞，營養價值也大大地降低了。蔬菜中所含的維生素是極易溶於水的，如果先用開水浸燙或冷水浸泡的話，維生素就會大量流失在水中，損失可達百分之三十以上。因此蔬菜千萬不要用熱水燙或用冷水長時間浸泡。

忌 炒菜忌用鋁鍋

鋁鍋在受熱或遇到酸、鹼性食物時，會發生變化，形成鋁化合物，這種物質在人體內蓄積過量，便可致病。因為鋁元素能抑制消化道對磷的吸收，擾亂磷代謝，破壞胃蛋白酶的活性，導致消化功能紊亂，使成年人早衰，生育的子女癡呆，兒童反應遲鈍及早老，老年人也極易患癡呆症。

忌 忌每菜都放味精

烹飪時加味精只是為了調味，但如果不分青紅皂白做所有菜都加的話，有可能會適得其反。例如，做雞蛋時，不管是炒或是蒸，都不宜放味精，因為雞蛋本身含有較多的谷氨酸和一定數量的氯化鈉，遇熱後會產生自然的鮮味，放味精往往會破壞這種鮮味。

做酸味、糖醋及酸辣菜肴時也不宜放味精。由於味精不易溶於酸性溶液，而且酸性越強，溶解度越低，所以要是在這些帶酸味的菜裏放入味精，放了也等於沒放，幾乎起不到任何增鮮作用。

乾炒食物時，味精非但不能溶解，而且還會因遇高溫，其中的谷氨酸轉變為焦谷氨酸鈉這種微毒物質；做一般涼拌菜時，由於涼拌菜溫度太低，水溶性也差，味精得不充分溶解也起不了增鮮效果；用高湯煮製的菜本來就具有獨特的鮮味，如果加味精就無異於畫蛇添足了，高湯的鮮味也破壞殆盡了。而雞湯、海鮮本身就有較強的鮮味，根本不需要用味精來調味。

忌生吃醬油

醬油屬於豆製品調料，主要原料是豆餅、麩皮、黃豆等，這些原料發酵後通過高溫消毒就製成了醬油。醬油中含有豐富的維生素B_1、維生素B_2、維生素P等多種營養成分，有增強食欲，促進消化的作用。照理說醬油可以直接食用，但是，由於在生產、儲存、運輸、銷售等過程中，醬油常會受到這樣或那樣的污染，甚至沾染各種傳染病菌。所以不管在做涼拌菜還是其他菜時，都最好將醬油加熱，不要生吃。

炒胡蘿蔔忌放醋

胡蘿蔔中含有非常豐富的胡蘿蔔素。胡蘿蔔素在人體內轉變為維生素A，而維生素A是一種很重要的營養素，具有多種生理功能，可促進生長發育，維持上皮的完整性，保護視覺功能，並且可以抗癌防癌。如缺乏維生素A就會患夜盲症和皮膚粗糙等病症。胡蘿蔔素不耐酸，在酸的情況下，加熱很容易分解破壞。因此，在炒胡蘿蔔時，最好別放醋，以保護胡蘿蔔的營養價值。

忌 煮餃子四忌

煮餃子看似是件再簡單不過的事情，但若是把握不當或是方法不對，要麼把餃子煮爛，要麼就是沒煮熟。因此，在煮餃子時，一定要注意以下幾點：

(1) 忌冷水下鍋

餃子如果是冷水下鍋，會很快沉底、巴鍋、爛掉，使餃子變成一鍋漿糊。所以，煮餃子時應先用旺火把水燒開，趁沸水把餃子下鍋，然後用鏟勺輕輕向一個方向推動幾下，以防餃子互相黏連或巴鍋底。但切忌亂攪拌。

(2) 忌蓋鍋煮皮

如果餃子剛下鍋就蓋上鍋蓋煮，鍋裏的水蒸氣排不出去，水蒸氣的高溫就很容易把露出水面的那一部分餃子皮煮破，而這時由於餃子餡還是生的，一旦皮破了，餃子餡就會跑得滿鍋都是。所以，餃子剛下鍋後，應先敞開鍋煮，這樣鍋內的水蒸氣很快散發，便不易把餃子煮破。在水溫達到一百度後，保持幾分鐘，通過沸水的作用，不斷向餃子傳熱，餃子隨著沸水的翻滾，也不停地翻動，餃子皮就會很快被煮熟，而餃子湯仍能保持清而不黏。

(3) 忌開鍋煮餡

餃子皮煮熟後，應及時蓋上鍋蓋，以便更好地煮餡。由於蓋上鍋蓋後，能促使鍋裏的氣壓增高，使蒸氣和開水很快地將熱量傳導給餃子餡心，便能較快地將餃子餡也煮熟。此時由於餃子皮已經是熟的了，所以即使鍋內的溫度高一些，餃子也不會再破。

(4)忌中間不點水

有的人煮餃子一煮到底，這是不當的，這樣勢必把餃子煮破。俗話說：「三滾餃子兩滾麵」，這是有一定道理的。為了既能把餃子較快煮熟，又不致把餃子煮破，在煮餃子過程中，要在開鍋後適量添加冷水，以防沸水翻滾溢鍋或者開鍋過急造成餃子破裂。一般煮一鍋餃子，中間添兩三次冷水就可以了。

五、食物存儲宜忌

食物一定要注意保鮮儲藏，否則很容易變質；但是，我們通常只是把剩飯剩菜直接扔進冰箱。從不考慮這樣儲藏是否合理，因而導致了食物的口感和營養價值大打折扣。其實，食物的儲存也是大有學問的，如果位置不對，溫度就不對，食品的品質也會受到很大影響。

宜 保存食品最宜的溫度

不同的食品，在保存的時候適宜的溫度也是個不相同的，因此，在保存食品的時候應當注意這些細節問題。

(1)鮮魚。最佳冷藏溫度為零下三度。

(2)凍魚。最佳溫度為零下三度以下，在此溫度下的魚不易變質，可保其鮮味。

(3)肉類。最佳冷藏溫度為兩度至五度，可保存一個星期。

(4)桶裝啤酒。最佳冷藏溫度為零度至五度之間。

(5)瓶裝啤酒。最佳冷藏溫度為十度至廿五度保存。

(6)鮮牛奶。最佳冷藏溫度為兩度至四度。

(7)糧食。最佳保存溫度為八度至十五度，可防止糧食生蟲子。

(8)雞蛋。最佳溫度在十五度以下，雞蛋不易腐敗變質。

(9)馬鈴薯。最佳溫度為兩度至四度，溫度過高就會發芽而影響食用。

宜 肉類儲藏宜切成小塊

在烹飪之前，會把儲藏在冰箱裏的冷凍肉取出解凍，切完後，剩下的再放回冰箱繼續冷凍。其實，無論從口感，還是從健康方面來講，這種做法均是不科學的。因為凍肉解凍後，再次冷凍容易變質，食用後對身體危害更大；且肉經反覆冷凍後，由於血水滲出，肉的營養價值和風味會大大下降。所以，最好的辦法是，把鮮肉買回家後，如需冷凍，將肉切成小塊後再凍。這樣在下次吃前，需要用多少，就解凍多少，一次吃完。

宜 蔬菜宜先冷藏

據研究表明，冷藏的蔬菜要比反季節出售的「新鮮」蔬菜更有益於健康。一些看上去很新鮮的蔬菜，經過長途跋涉後，流失了許多維生素和礦物質。相反，冷藏蔬菜通常在採摘後數小時內進行冷藏，因而保持了其原有的營養成分。

專家認為，食用蔬菜宜先冷藏。長時間冷藏、保存的橙汁和鮮榨橙汁一樣有益於健康。

宜 蔬菜保鮮最宜

(1) 帶葉類蔬菜

保存帶葉類的蔬菜，最重要的就是保留其水分，同時又要避免葉片腐爛。最簡單的方法是利用舊報紙，在葉片上噴點水，然後用報紙包起來，根部朝下放入冰箱冷藏室，可有效延長保存時間，留住新鮮。

(2) 生菜

為了防止生菜保存時容易變色，可將菜心摘除，然後將濕潤的紙巾塞入菜心處，讓生菜吸收水分，等到紙巾較乾時將其取出，再將生菜放入保鮮袋中冷藏。

(3) 青葉菜

冬季購買的韭菜、蒜黃等青葉菜，如果一時吃不完，可用新鮮的大白菜葉子包好，放在陰涼的地方，可保鮮數天。

(4) 蒜、蔥、薑、辣椒

在保存這些調味品時，最好能保持其原狀。大蒜的保存方式與洋蔥類似，可將其放入網袋中，然後懸掛在室內陰涼通風處，或是放在有透氣孔的專用陶瓷罐中。而薑分為老薑和嫩薑，老薑不適合冷藏保存，可放在通風處和沙土裏，嫩薑應用保鮮膜包起來放在冰箱內保存。

宜 魚類保鮮適宜

(1) 活魚

買來活魚後，可以往魚嘴裏灌幾滴白酒，再放入清水盆裏，蓋上能透氣的蓋子，並把盆子放在陰涼黑暗的地方，即使在夏天，魚也能活好幾天。

(2)鮮魚

買到鮮魚，當天吃不完，可將魚的內臟挖除，不去鱗甲，不用水洗，把魚放入冷卻的食鹽水中浸泡一天，取出後晾乾，再塗些菜油，掛起曬乾，可保存四到五天。

宜 做菜放糖宜保存

在我國的南方做菜時大都會放糖，而北方人則不是很習慣。其實，做菜少放點糖，不僅可以調味，而且還可以使菜保存的時間更長。放在菜中用來調味的糖，主要是白糖。白糖本身不具備殺菌的作用，但它能夠調節微生物的生長。

糖能降低菜中水分的活性，讓那些附在菜上的微生物得不到生活及繁殖所必需的水分，甚至使微生物細胞脫水，進而處於生理乾燥狀態。有些細菌雖然沒被殺滅，但也停止了生長活動，因此菜就不容易變質了。

宜 保存食醋的最宜方法

由於食用醋具有一定的腐蝕性，因此，在對食用醋進行保存的時候，應當注意一些細節問題。

(1)食醋不宜用銅器盛放，因為銅會與醋酸等發生化學反應，產生醋酸銅等物質。
(2)存放食醋時，應使用乾淨無水的瓶子，放於陰涼低溫處。
(3)可在裝食醋的瓶中加入幾滴白酒和少量食鹽，混勻後放置，可使食醋變香，不容易長白醭，可貯存較長時間。
(4)可在盛醋的瓶中加入少許香油，使表面覆蓋一層薄薄的油膜，防止醋發黴變質；或者在醋瓶中放一段蔥白、幾個蒜瓣，亦可起到防黴的作用。

忌 忌放入冰箱的食品

很多人都誤認為，所有的食品都能放入冰箱內冷存，其實則不然。有許多食品在冷藏時會變質，不能繼續食用，因此是不能冷藏的。常見的有以下幾種：

(1)**番茄**。經低溫冷凍後，番茄的肉質會呈水泡狀，顯得軟爛，或出現散裂現象，且表面會有黑斑，煮不熟，無鮮味，嚴重的則酸敗腐爛。

(2)**火腿**。如將火腿放入冰箱低溫貯存，其中的水分就會結冰，脂肪析出，腿肉結塊或鬆散，肉質變味，極易腐敗。

(3)**麵包**變質的速度跟存放的溫度有關，溫度越低，變質得越快。因此，麵包放在冰箱裏比放在室溫中變質得更快。同時，麵包也不可與餅乾一起存放。麵包含水分較多，餅乾則一般乾而脆。兩者如果存放在一起，麵包很快會變硬，餅乾也會因受潮而失去酥脆感。

(4)**香蕉**。如將香蕉放在十二度以下的地方貯存，會使香蕉發黑腐爛。

(5)**鮮荔枝**。如將鮮荔枝在零度的環境中放置一天，即會使之表皮變黑、果肉變味。

(6)**巧克力**。在冰箱中冷存後取出，在其表面會結出一層白霜，極易發黴變質，失去原味。

忌 蔬菜存放禁忌

(1)**竹筍忌去殼**：去掉外殼再對竹筍進行保存，極易使竹筍流失營養和水分。

(2)**白蘿蔔、胡蘿蔔不宜完整保存**：白蘿蔔、胡蘿蔔一定得切頭去尾。切頭不讓蘿蔔發芽，免得吸取白蘿蔔、胡蘿蔔內部的水分；去根免得白蘿蔔、胡蘿蔔長鬚根，這同樣會耗費白蘿蔔、胡蘿蔔的養分。

(3)**冬瓜忌碰掉白霜**：冬瓜的外皮有一層白霜，它不但能防止外界微生物的侵害，而且能減少瓜肉內水分的蒸發。所以在存放冬瓜時，應把它放在陰涼、乾燥的地方，不要碰掉冬瓜皮上的白霜。另外，著地的一面最好墊乾草或木板。

(4) 茄子忌洗：茄子表面有一層蠟質，保護細嫩緻密的肉質，茄子經水洗後表皮受損，蠟質被破壞，不利於保護茄肉，也會使微生物侵入茄子內部，引起茄子腐爛變質，使茄子的營養價值受損。如果洗後存放時間稍長，茄子就不能吃了。

忌 食用油忌久存

食用油不應存放得太久。因為油脂具有自動氧化的特性，因此，食用油很容易變質。油脂氧化酸敗後，會產生很多有毒的氧化分解物質，人如果長期食用已經劣化的油脂，就會使細胞功能衰竭，誘發多種疾病。而且，油脂的酸敗不像食物腐敗黴變那樣容易引起人們的注意。因此，為了避免食用油的變質，建議大家不要購買大桶的食用油，以免放得過久。

忌 洗過的雞蛋忌放太久

雞蛋的外殼比較髒，食用時要加以清洗，但是如果為了儲藏雞蛋則千萬不能水洗。因為雞蛋表面佈滿了肉眼看不見的小孔，被一層膠狀物質封住，細菌不能侵入，蛋殼內的水分也不容易蒸發，保護了雞蛋。如果用水沖洗，蛋殼上的膠狀物質就溶解在水裏，蛋殼小孔全部暴露，細菌就會乘虛而入，帶入蛋內孳生，破壞蛋內組織，使新鮮雞蛋很快變成壞雞蛋。

忌 忌在保溫瓶裏存豆漿

大家都知道豆漿富含蛋白質，其營養價值極高。但是豆漿比較適宜熱飲，並不適用保溫瓶來保存。在保溫瓶內保溫是有限度的，隨著瓶內溫度的降低，瓶內的細菌就會在適宜的溫度條件下繁殖起來，致使豆漿變質。因此，豆漿最好是煮沸後立即飲用。一定要保存的話，可以添加適量的鹽，將其儲存在器皿中置於低溫處。

忌 牛奶忌冷凍

牛奶的冰點比水低，約為零下五度。牛奶在結冰後，牛奶中的脂肪、蛋白質就會分離，乾酪素呈微粒狀態分散於牛奶中。在解凍後，蛋白質易沉澱、凝固而變質。因此，在存放牛奶時只可保鮮，不可冰凍。此外，存放牛奶還要注意以下幾個問題：

(1) **忌用塑膠容器存放：** 這樣不僅會破壞牛奶的營養成分，降低牛奶的營養價值，還會產生一定的異味。

(2) **忌光照：** 不要讓牛奶曝曬陽光或照射燈光，日光、燈光均會破壞牛奶中的多種維生素，同時也會使其喪失芳香。

(3) **忌放入暖瓶：** 保溫瓶中的溫度，適宜細菌繁殖。細菌在牛奶中約二十分鐘繁殖一次，隔三至四小時，保溫瓶中的牛奶就會變質。

忌 存放紅薯禁忌

(1) **忌光照：** 紅薯放置在陽光下，會流失大量的營養素，同時還會因曬乾、風乾而變得難以食用。

(2) **忌久存：** 貯藏時間過長的紅薯，稍有不當就會變質，造成營養成分的損失。

(3) **忌與馬鈴薯一起存放：** 馬鈴薯和紅薯不能存放在一起，否則不是紅薯僵心，就是馬鈴薯發芽不能食用，這主要是由於兩者的最佳存儲溫度差異造成的。

(4) **忌潮濕：** 許多人喜歡吃紅薯，但紅薯受潮之後，可千萬別吃。因為潮濕會使紅薯表皮呈現褐色或黑色斑點，同時薯心變硬發苦，最終導致腐爛。受到黑斑侵蝕的紅薯，不但營養成分損失殆盡，而且食後易出現胃部不適、噁心嘔吐、腹痛腹瀉等症狀，嚴重時還會引發高熱、頭痛、氣喘、嘔血、神志不清、抽搐昏迷，甚至死亡。因此，紅薯一定要保存在通風好，比較乾燥的地方，切勿使之受潮。

忌 蒜苗忌受潮

蒜苗受潮後極易變質腐爛。因此，在存放蒜苗時，可用鮮大白菜葉子將其包住捆好，放到陰涼處，能保鮮四五天。但注意不要著水。除蒜苗外，下列食物也不宜受潮：

(1) **食鹽**：食鹽最好放置在有蓋的容器內。食鹽忌潮濕，又忌過分乾燥。如暴露在潮濕空氣中，食鹽容易潮解並溶化；在過於乾燥的空氣中則會因內部水分的蒸發而乾縮、結塊。此外，由於食用碘鹽所含的碘酸鉀易於分解，敞口放置會加速碘的分離流失。

(2) **黑胡椒**：黑胡椒一般是將果穗直接曬乾或烘乾製成的，在貯存過程中要求充分乾燥，以防止表面發黴，影響品質。一般黑胡椒的水分含量不宜超過百分之十二。

(3) **豆蔻**：豆蔻宜散裝或密封袋裝，注意防潮。由於是氣味強烈的辛香料，保存時應避免與其他香料混放，以免損及風味。

忌 忌將酸性食物放入瓷器中

切忌用瓷器存放酸性食物。因為，陶瓷器皿上的彩釉大多是以鉛化物作為原料。如果酸性食物長時間與彩釉器皿接觸，可溶解並釋放出其中的鉛，從而污染到食物。長期食用這樣的食物會引起慢性鉛中毒。兒童對鉛特別敏感，要特別留心。同時，酸性食物對搪瓷容器也有腐蝕作用，所以酸性食物在陶瓷容器內不宜存放過久。

此外，我們也不要用搪瓷、白釉器皿存放鹼性溶液：搪瓷、白釉器皿的主要製作原料是二氧化錫，二氧化錫的耐酸性強，但易溶於鹼性溶液，生成錫酸鹽。錫酸鹽水解易釋放出錫離子，容易被人體吸收。錫能夠在人體內蓄積，如果過量的話會導致人體的慢性中毒。

六、特殊人群飲食宜忌

孕婦、老年人、嬰幼兒、兒童、肥胖者、考生等都是特殊的群體。他們因年齡，體格與身體所處特殊時期的不同，因此，對於飲食也要因人而異、對位飲食，對號食補，在飲食上注意飲食的禁忌。只有這樣才能吃出健康體魄，吃出美麗人生。

宜 嬰幼兒腹瀉宜喝米湯

嬰兒因為剛出生，身體的各種抵抗力還較差，經常會發生腹瀉的現象。用米湯治療嬰幼兒腹瀉是最合適的。因為米湯中含有的高濃度的碳水化合物能夠增加鹽、水的吸收，而其中的維生素對預防和治療某些維生素缺乏性腹瀉也有一定的輔助作用。米湯，不要太稠或太稀。飲用的次數和用量也要與腹瀉的次數成正比。腹瀉好轉後，仍堅持飲用兩三天米湯，以補充體內損耗的水分和營養。

宜 初潮少女四期宜食補

(1) **經後卵泡發育期**。月經來潮的第七至十三天。在經血排出以後，陰血虧虛，胞宮精血開始滋長，自己可以看見白帶逐漸增多。在這個時期，少女的飲食宜以補陰養血為主，可以多吃一些雞、鴨、魚、蛋、豬肝、豬心、新鮮蔬菜、紅豆、紅棗等食物。

(2) **經間排卵期**。在月經來潮的第十四至十六天。排卵前的一至兩天，可以看見白帶增多，為雞蛋清樣或呈拉絲狀。在這個時期，少女宜多吃些牛肉、羊肉等，以促排卵。

(3) **經前黃體期**。在月經來潮的第十六至十八天。在這個時期，少女宜適量吃些溫熱食物，如桂圓、紅棗、韭菜、洋蔥及肉、魚、蛋等高蛋白、高熱量食品，以助陽氣生長。

(4) **行經期**。因氣血流動，而排出經血。古人云：「血得溫則行，得寒則凝。」一方面在經期要注意保暖；另一方面，月經量少者宜食用黃酒蒸雞蛋；痛經者可以服生薑紅糖飲。

宜 男子新婚時期宜食補

(1) **宜補充足夠的蛋白質**。優質蛋白質是合成精液的重要原料，新郎應適當吃些瘦肉、雞蛋、魚類、乳類及大豆製品等。

(2) **宜補鋅**。人體內鋅元素含量不足是引起男性不育的重要因素之一。含鋅豐富的食物有牡蠣、蟹類、鮮貝類、泥鰍、鱔魚、動物肝臟、瘦肉等。

(3) **宜食精氨酸豐富的食品**。精氨酸有提高性功能的作用。精氨酸豐富的食品是凍豆腐、豆腐皮、乾豆腐、花生、核桃、芝麻、紫菜、豌豆和其他大豆製品。

(4) **宜補充含礦物質和維生素豐富的食品**。維生素A可以促進蛋白質的合成，加速細胞的合成，促進脂肪代謝；維生素E能調節性腺功能，並有增強精子活力的作用；礦物質鋅、磷、硫、鉻、㯚等是精液的組成物質，對激發精子的活力有特殊功效。這些維生素和礦物質存在於綠葉蔬菜及動物肝臟、植物油等食物中。鈣在豆製品和魚蝦中含量豐富，亦應補充。

宜 性情暴躁的人宜多吃魚

經調查發現，脾氣暴躁的人，血液中含有較高的甘油三酸酯。結果表明，多食魚類脂肪，可降低血液中甘油三酸酯的含量。這是由於在魚的脂肪中有一種特殊的高度不飽和脂肪酸，它在各種魚類中均可發現，但在含脂肪多的魚類中含量最多，如鯡魚、鮭魚、沙丁魚、竹莢魚等。對那些不能或不願意吃這類魚的人，可從魚肝油膠囊中獲得同樣的效果，一匙鱈魚魚肝油即可奏效。

專家還指出，攝取更多富含脂肪的魚類，可減少患心臟病的危險。吃魚還可以抑制情緒激動，因為情緒激動是導致心臟病的一個重要因素。

宜 胖人宜多吃馬鈴薯和紅薯

長久以來，人們誤認為馬鈴薯和紅薯的澱粉含量高，是胖人的剋星，其實不然。肥胖是由於貪吃且少運動而引起的一種代謝綜合症。由於機體對胰島素產生抗體，導致脂肪和糖代謝紊亂，就很容易出現肥胖、高血壓和心臟病。胖人體內的內臟脂肪蓄積後，脂聯素就會減少，而脂聯素不但有助於抑制血管硬化，還能促進人體消耗脂肪和糖。而紅薯和馬鈴薯中含有的逆滲透蛋白，卻正好可使人體脂聯素回升，所以胖人多吃紅薯、馬鈴薯是比較適宜的。

宜 常用電腦的人宜食的食物

經常坐在電腦前的人在日常飲食中，更要講究科學進食。一是宜吃一些對眼睛有益的食物。如雞蛋、魚類、魚肝油、胡蘿蔔、菠菜、地瓜、南瓜、枸杞子、菊花、芝麻、蘿蔔、動物肝臟等。二是適宜多吃一些含鈣質高的食物。如豆製品、骨頭湯、牛奶、瘦肉、蝦等。

此外，在平時宜多注意維生素的補充，多吃含有維生素的新鮮水果、蔬菜等。還適宜吃一些抗輻射的食物，如香菇、木耳、海帶等。

宜 駕駛員宜防「便當綜合症」

在日常的生活中，由於工作不定時的特點，尤其是計程車駕駛員會對便當情有獨鐘，認為它快捷、方便，至於衛生和營養等問題，就沒有多加考慮。殊不知，經常吃便當會為人體的健康帶來許多隱患。因為經營便當的不少攤點，缺乏衛生以及必要的營養常識，經常使用口味較濃重的調味品，駕駛員經常食用這種便當後容易上火，出現咽痛、口腔潰瘍、牙痛、腹脹、便秘等症狀，影響到身體的健康。

忌 嬰兒忌食蜂蜜

蜂蜜不僅是甜美的食品，而且還是治療多種疾病的良藥。它含有豐富的果糖、葡萄糖和維生素C、維生素K、維生素B_2、維生素B_6以及多種有機酸和微量元素等。一些年輕的父母，喜歡在餵嬰幼兒的牛奶中加入一些蜂蜜，以加強他們的營養。實際上，一周歲以下的嬰兒，是不宜食用蜂蜜及花粉類製品的。

因為在蜜蜂採蜜的季節，難免會採集到一些有毒的植物花粉和蜜腺，若正好是用有致病作用的花粉釀製成的蜂蜜，就會使人得蕁麻疹。而誤食含有雷公藤、山海棠花的蜂蜜，則會使人中毒。美國科學家認為，世界各地的土壤和灰塵中，都有一種被稱之為「肉毒桿菌」的細菌，而蜜蜂常常把帶菌的花粉和蜜帶回蜂箱，使蜂蜜受到肉毒桿菌的污染，極微量的肉毒桿菌毒素就會使嬰兒中毒，其症狀與破傷風相似。

因此，專家建議，為防患於未然，使嬰幼兒健康成長，對一周歲以內的嬰兒，以不要餵食蜂蜜為宜。

忌 嬰兒忌多吃雞蛋

雞蛋不易於消化，而嬰幼兒的消化能力相對較差，若是大量進食雞蛋，就會引起消化不良。而且由於雞蛋蛋白中含有一種抗生物素蛋白，它會在腸道中與生物素結合阻止其他物質的吸收，這樣就很容易導致嬰兒維生素缺乏，影響他們的生長發育。同時更要注意的是雞蛋一定要煮熟，因為生雞蛋很容易受到沙門菌的污染，如果沒充分煮熟，很容易導致細菌性中毒。

忌 兒童忌食過鹹的食物

人體對食鹽的生理需要極低，成人每天僅需七克左右，而兒童則在四克以下為宜。習慣吃過鹹食物的人，不僅會引起高血壓、動脈硬化等症，還會損傷動脈血管，影響腦組織的血液供應，使腦細胞長期處於缺血缺氧狀態而智力遲鈍，記憶力下降，甚至過早老化。因此，為了孩子的健康，請勿讓孩子食用過鹹的食物。

忌 孕婦忌偏食

如果孕婦偏食的話，將會對胎兒的發育以及自身的健康很不利。孕婦需要各種營養素，主要包括蛋白質、脂肪、碳水化合物、礦物質、維生素和水六大類，這些物質存在於各種食物中，為得到齊全而均衡的營養，孕婦要吃各種各樣的食物。如果只吃素不吃葷，孕婦及胎兒就會缺乏足夠蛋白質、維生素、脂肪、礦物質，會使孕婦貧血、缺鈣、消瘦，胎兒體重低、大腦重量輕等。

而相反地，如果只吃葷不吃素，孕婦則會過度肥胖，血中膽固醇、脂肪含量高，不僅容易併發妊娠高血壓綜合症及產程長、產後出血等症狀，胎兒也容易發育過大，成為巨嬰，從而造成難產，出生後低血糖、高膽固醇血症等不良後果。因此，為了自身的健康，也為了胎兒的正常發育，一定要選擇合理、均衡的膳食結構。

忌 孕婦忌喝咖啡

就一般人來說，偶爾喝杯咖啡換換口味未嘗不可，況且咖啡可以提神醒腦、減輕疲勞感。但是長期過量飲用，大多數人會患失眠症，並可增加胰腺癌的發病率。長期大量飲用咖啡，還可使心跳節律加快，血壓升高。咖啡中的咖啡鹼，還有破壞維生素B_1的作用，出現煩躁、容易疲勞、記憶力減退、食欲下降及便秘等症狀；對妊娠期的孕婦來說，如果嗜好咖啡，為害更甚。

經研究指出：每天喝八杯以上咖啡的孕婦，她們生產的嬰兒沒有正常嬰兒活潑，肌肉發育也不夠健壯。因此，孕婦不宜喝咖啡，更不能長期大量飲用咖啡。

忌 產婦忌久喝紅糖水

在我國的民間習俗內，產婦在分娩後，都要喝些紅糖水，只要適量，對產婦、嬰兒都是有好處的。因為產婦分娩時，精力、體力消耗很大，失血較多，產後又要給嬰兒哺乳，需要豐富的碳水化合物和鐵質。紅糖既能補血，又能供應熱量，足較好的補益佳品。但是，有不少產婦喝紅糖水的時間往往過長，有的能喝半個月之久，甚至長達一個月。殊不知，久喝紅糖水會對產婦的子宮復原不利。

因為在產後十天，惡露會逐漸減少，子宮收縮也逐漸恢復正常，如果久喝紅糖水，紅糖的活血作用會使外露的血量增多，造成產婦繼續失血。因此，產後喝紅糖水的時間，一般以產後七至十天為宜。

忌 產婦忌喝老母雞燉的湯

在我國民間，有用老母雞燉湯大補的說法，認為它的營養價值比較高。其實，老母雞燉湯的最大好處只是味道濃厚、鮮美，至於營養價值，它並不比仔雞高出多少。

老母雞燉湯之所以受到很多人的喜愛，主要是從中醫上講的。母雞的雞肉屬陰，比較適合產婦、年老體弱及久病體虛者食用。而老母雞由於生長期長，雞肉中所含的鮮味物質要比仔雞多，這是使雞湯味道更鮮美的主要原因。另外，老母雞中脂肪含量比較高，燉出的湯也更香一些。但是，仔雞雞肉中的營養成分卻要比老母雞高得多。首先，仔雞的肉裏含蛋白質較多，而老母雞肉中蛋白質含量較少。其次，老母雞的雞肉只占其體重的百分之四十，脂肪和彈性結締組織含量相對較高。彈性結締組織是一種不溶於水的彈性蛋白，只能被人體少量吸收，會使老母雞的營養價值有所降低。而仔雞肉在做熟後，雞肉很容易分離開，變得細嫩、鬆軟，其中含彈性結締組織比較少，營養更有利於人體消化吸收。孕婦產後身體很虛弱，適量進行滋補是有益的。在選擇滋補品時，不能一味迷信老傳統，最好還是在醫生的指導與建議下進行調養。

忌 老年人忌長期吃素

老年人由於機體消耗的熱量減少、食欲減退，或者出於減肥和防治高血壓的目的，而禁葷吃素。實際上，這是不明智的選擇，是對身心健康有害的。

人體衰老、頭髮變白、牙齒脫落、骨質疏鬆及心血管疾病的發生，都與錳元素的攝入不足有關。缺錳不但影響骨骼發育，而且會引起周身骨痛、乏力、駝背、骨折等疾病。缺錳還會出現思維遲鈍、感覺不靈。因此，老年人不宜長期吃素。

而在植物性食物中所含的錳元素，人體很難吸收，而肉類食物中雖然含錳元素較少，但容易被人體利用。所以，吃肉是攝取錳元素的重要途徑之一。

忌 老年人忌補鈣過多

現代的一些人誤認為老人補鈣越多越好，補的越多吸收的也就越多，骨骼也就會越強健。但是，這種做法是不科學的，也不會取得預想的效果。

鈣的吸收是一個複雜的過程，如果過量補鈣反而有可能引起併發症。鈣經過胃腸的吸收而進入血液，形成血鈣（即血液中鈣的含量）後經過骨代謝，然後將血鈣進行鈣鹽沉積，最終形成骨骼。專家指出，血液中血鈣含量必須保持在一定的水準，過多或過少都不行。老人如果過量補鈣，血液中鈣含量過高的話，會導致高鈣血症。

所以，老年人應當通過合理的膳食搭配，在飲食中就能攝取到足夠的鈣。在日常飲食中，老年人可以多吃一些乳製品、蝦皮、豆類、芝麻醬等含鈣豐富的食物。此外，儘量少喝咖啡和吸菸，從而減少鈣的流失。

忌 老年人忌菸酒成癖

據醫學研究表明，大部分心血管疾病都與吸菸有關。而長期的過度飲酒，則能引起心肌中的脂肪組織增加，使心臟的功能減弱，變得肥大，特別是長期大量喝啤酒的人，更容易出現這種變化，醫學上稱它為「啤酒心」。酒精能影響人的脂類代謝，並使機體從血中清除脂類的能力降低，從而增加動脈粥樣硬化及冠心病的發病機會。

因此，不良的飲食習慣與血脂過高、動脈粥樣硬化、冠心病等有著密切的關係。想要長壽，中老年人就應該徹底改變以上各種不良飲食習慣，自覺養成良好的飲食習慣，以保證身體的健康。

宜 考生飲食宜講究搭配

考試期間，學生會感到精神緊張，容易引起大腦疲勞，加上睡眠不好，影響食欲和身體健康。所以，在膳食安排方面，宜講究葷素合理搭配，以助其順利完成考試。

那麼，考生怎樣吃才算營養充足呢？

考生一天的膳食應吃主食（米、麵）四百至六百克，雞蛋一個，食油十克，蔬菜五百克，水果兩百克。每天需攝入熱量兩千六百卡，早餐占百分之三十，中餐占百分之四十，晚餐占百分之三十。

在葷素搭配方面，具體要求為：

(1) 在葷菜方面。要講究蛋白質的攝入，宜食用含蛋白質較多的魚、瘦肉和雞鴨等食品。

(2) 在素菜方面。一方面每天的蔬菜攝入量在四百至五百克；另一方面要選擇新鮮的蔬菜和水果，如剛上市的桃、櫻桃、草莓等果品。不要吃貯存太久的水果，水果貯存太久，許多營養成分被氧化了，失去食用價值。

第二章 美容保健宜忌

第二章 美容保健宜忌

一、美容護膚宜忌

「愛美之心，人皆有之」，擁有美麗的肌膚是每位女士的夢想。然而生活中卻有不少人因為使用不當的護膚品，或是使用不恰當的美容方法而使自己的肌膚出現一些令人難以忍受的情況。那麼，該如何讓自己擁有亮麗的肌膚呢？就請讀一讀美容護膚方面的宜與忌。

宜 宜吃美容食品

有很多食品是有美容作用的，像芹菜中含豐富的纖維，常食用可以排毒養顏。此外，它還能調節體內水分的平衡，改善睡眠。苦瓜中含有一種能增加免疫細胞活性的蛋白質，能有效清除體內有毒物質，還能起到利經的作用，綠豆是清毒減肥佳品，它能加速有毒物質在體內的代謝，促使其排泄。普洱茶有助於殺死癌細胞，而且能防電磁輻射。蘋果是美容減肥的上佳選擇，它有助於排毒。草莓含有多種有機酸、果膠和礦物質，能清潔腸胃。

宜 防皺宜注意飲食

飲食不當會加速皺紋產生，像牛肉罐頭、魚罐頭、沙拉醬、咖啡、冷凍太久的食品、巧克力、蛋糕、速食麵、油炸食品等都是容易誘生皺紋的食物，不可常吃或多吃。存放太久而變質的食物及油炸食物對皮膚都有很大的影響，切忌食用。同時，烹調方法也是使人產生皺紋的原因，多吃蒸、煮的東西，多吃蔬菜水果，少吃炸、熏、煎、烤的食物。炸魚、肉時不宜過度炸焦，而且炸過食物的油切忌重複使用。

宜 宜喝美容祛斑飲品

有不少飲品具有美容祛斑的功效，不過都需要堅持飲用。每日喝一杯胡蘿蔔汁或加糖的檸檬汁，可明顯減少黑色素沉澱，達到祛斑的效果。常喝番茄汁或常吃番茄，也有一定的美白效果，因為番茄中的谷胱甘肽可抑制黑色素的沉澱，使皮膚表面的色素逐漸減褪或消失。在洗臉水中加點食醋也能起到減輕色素沉澱的作用。還有堅持每天服用一片維生素C和維生素E，也有一定的祛斑作用。

宜 香皂洗臉宜用溫水

洗臉時用冷水洗臉會讓毛孔收縮。而溫水則可讓毛孔擴張，便於清潔。同時，使用溫水也避免了用熱水洗臉易產生皺紋的可能性。油性皮膚的人因為毛孔粗大，油脂分泌過多，更是要用溫水洗臉。可先用香皂在掌心打出豐富的泡沫，再用指肚沾泡沫認真擦洗皮脂分泌過多的鼻翼、前額等處，眼睛周圍皮膚嬌嫩只要輕輕揉擦即可，最後用清水徹底洗淨。而乾性膚質的人則要少用香皂洗臉，因為香皂含鹼，容易讓肌膚更乾燥。

宜 宜做好眼部護理

眼部周圍的皮膚是最細嫩也是最薄的地方。如果眼部皮膚總是處於缺水狀態，容易產生深層皺紋，而在紫外線的照射下，色素也容易在皮膚表層沉澱成色斑。所以眼睛周圍皮膚一定要及時補充水分和營養，但切忌用過於油膩的保養品，因為如果眼部皮膚吸收過多的營養，周圍會很容易形成脂肪粒，堵塞毛孔。同時也要注意避免長時間看電視或盯電腦，這樣很容易出現黑眼圈或眼袋，尤其要避免熬夜工作。

宜 鼻尖脫皮巧打理

秋冬季時由於氣候乾燥，很多人會出現鼻尖鼻翼脫皮的症狀，會影響到妝容。這時採取的最好辦法是先用優質磨砂膏加水，在鼻部脫皮部位輕輕打圈按摩去除死皮，然後塗上果酸型或水質面霜，上妝時要用粉撲把濕粉一下下印在鼻子上，千萬不能抹，否則非但起不到遮蓋效果還會導致脫皮更嚴重。因為果酸面霜可以加速死皮的脫落，但如果皮膚對果酸過敏要慎用。

宜 保養肌膚宜抹晚霜

夜晚十點至凌晨兩點之間，肌膚細胞分裂最活躍，活動力最強，這時保養肌膚能收到事半功倍的效果，因為護膚品中的營養這時能被最大限度地吸收。所以入睡前抹的護膚品很重要，它的成分能被直接吸收。晚霜中若含維生素C和E，可為皮膚蓄積新的養分與能量；維生素A可以延緩肌膚的老化，對肌膚保養也很有益處。強效保濕因子，能幫助提高肌膚水分，預防皮膚缺水脫皮，減少皺紋產生。植物香氣可以緩解壓力，放鬆心情。

宜 宜防止皮膚老化

人的皮膚很嬌嫩，保養不當就會很快老化，對女性來說尤其如此。日曬能促進表皮的新陳代謝，生成維生素D和黑色素，但紫外線過強或日曬的時間過長則會加速皮膚的老化；經常用過熱的水洗臉也會對皮膚產生物理刺激，從而造成皮膚老化；亂塗亂抹化妝品則更會加速皮膚的老化，要注意經常保濕和補充營養；在用凡士林油或橄欖油等保濕產品時要適量，否則會妨礙汗液蒸發，也會造成皮膚老化；儘量少用含鹼過量的洗臉用品，以減少對臉部皮膚的化學刺激。

宜 「夜貓子」宜按摩敷臉

經常有人因為工作或娛樂而熬夜，高度緊張和無規律的睡眠都會導致人體內分泌失調，新陳代謝不正常，久而久之，各種皮膚問題也會接踵而至：皺紋、暗瘡、黑眼圈、皮膚乾燥無彈性等等。當然，要徹底解決這個問題還得保證規律的作息時間和充足的睡眠，而按摩敷臉可以使肌膚問題得到暫時的緩解。每天睡前或起床後做一次保濕面膜，讓肌膚得到充分的水分補充；洗臉時用冷、熱水交替，可以刺激臉部血液循環；洗完臉及時抹上護膚品，要邊抹邊按摩。

宜 曬傷皮膚宜急救

皮膚被強烈的紫外線曬後很容易留下這樣或那樣的問題，要及時做好急救工作。首先用化妝棉蘸點化妝水敷臉，降低皮膚溫度直至冰涼。護理被灼傷的皮膚時，最好是先將化妝水放入冰箱凍成冰，然後取出凝結的冰塊敷臉。若皮膚有刺痛感，說明皮膚已經被曬傷，唯一的急救辦法就是採用冰敷，切忌塗抹任何護膚品。等到曬傷的皮膚冰敷後，傷痛得到暫時緩解再補充水分，將有保濕功能的潤膚乳輕輕塗在面部，並輕微地按壓以促進皮膚對水分的吸收。

宜 美容宜經常敷面膜

敷面膜是一種有效的美容方式，只是需要堅持。不管是想美白還是補水都可通過定期敷面膜來達到目的。因為敷面膜時，面膜能將皮膚與外界的污染隔離，同時因為肌膚溫度的提高，血液循環加速，新陳代謝也加快，這時毛孔會徹底張開，能更好地吸收面膜中的營養物質，並促進其他保養品的吸收。肌膚得到了充足的營養和水分，自然會變得水嫩白皙了。

忌 洗浴後忌化妝

如果洗完澡就立即化妝出門對健康是非常不利的。因為洗澡不單是一個去除皮膚外層老化表皮以及洗去表層灰塵的過程，它還會影響到人體整個的神經、內分泌系統以及皮膚的溫度、酸度等。洗澡時，水的溫度和濕度會改變正常皮膚的酸鹼度，皮膚處於極度放鬆不設防的狀態，如果此時化妝，化妝品的刺激或副作用會比平時高得多。所以即使需要化妝，也要給皮膚一個緩衝「設防」的時間。

忌 皮膚忌在強光下曬

皮膚經過強烈的日光照射後，會引起局部急性紅斑以及水皰性皮膚炎症等日光性皮炎，主要是由於皮膚受到超量的中波紫外線照射而引起的。其實一年之中，日照最強的是在春末夏初時，皮膚很容易被陽光曬傷。陽光曬傷可能因日光強度、皮膚色澤深淺、曝曬時間及範圍大小的不同而不同。易曬傷的人應及早做好防曬工作，儘量避免強烈日光照射，不要在日曬最強的時候外出，可在早上或傍晚外出，這樣能使皮膚接受適度日光照射，逐漸產生適當的黑色素，增強皮膚對日曬的耐受性。若必須在日光強烈時外出活動，一定要選用防曬係數較高的防曬霜或使用遮陽傘及衣帽防護。

宜 春季宜保養肌膚

每到春季，人們臉上的皮膚多變得乾燥、粗糙，甚至會脫皮、長小疙瘩，或呈苔蘚狀等，出現很多皮膚問題，影響了容貌。這種春季皮炎與空氣中紫外線的照射有密切關係。春季是一年四季中紫外線含量最高的季節，不同的職業、人群和在不同的生理階段，對紫外線的敏感性都有不一樣的表現：室內工作者對紫外線的敏感性高於室外工作者；青春期人群對紫外線的敏感性高於幼兒和老年人；女性對紫外線的敏感性高於男性。因此，春季皮炎多見於青壯年與室內工作者。

忌 夏季護膚五忌

一忌，**皮膚疲勞時敷面**。當皮膚由於在烈日下曝曬或熬夜、睡眠不足等產生疲勞時，忌做敷面。因為敷面對皮膚是有刺激性的，此時會增加皮膚的負擔，使臉部肌肉更加緊繃。

二忌，**過度擦抹皮膚**。在化妝時忌用力擦抹皮膚，或者用磨砂洗面乳清潔面部。這樣只會對皮膚產生刺激，而使皮膚更加乾燥。

三忌，**抹過多的潤膚霜**。夏季水分流失嚴重，皮膚需要的是大量補水，而不是油脂。所以忌抹太多的潤膚霜，多拍些化妝水即可。

四忌，**過度按摩皮膚**。皮膚按摩時一定要順著肌肉纖維的方向，做柔和有效的動作，特別是眼周的皮膚，敏感、脆弱，更需要別加小心，不可過度按摩。

五忌，**用手按摩臉龐**。即便輕輕按摩臉龐，也會將手上的塵埃、油脂或污垢附在面部，因此忌用手按摩臉龐，以保持面部肌膚的清爽舒適。

宜 秋季護膚養顏四宜

(1) **宜調節飲食**。應多喝開水，以補充蒸發的水分，少喝酒、咖啡及含糖量高的飲品。食物要儘量以快煮或蒸熟的方式來烹調，煎炸則儘量不用。多吃含維生素豐富的蔬菜水果，還應多吃含維生素A的食品，如胡蘿蔔、豬肝、魚肝油、蛋黃等，能促進皮膚油脂分泌，防止水分過量蒸發，對滋潤皮膚很有好處。

(2) **宜按摩臉部**。經常按摩臉部，可使皮膚的毛細血管擴張，加快血液循環和淋巴循環，改善皮膚營養，增強皮膚對溫度及多種不利因素的抵抗力。同時，皮膚的附屬器官如皮脂腺、汗腺等，可得以發揮其正常功能，使皮膚顯得滋潤、豐滿且富有彈性。

(3) **宜有針對性地選用護膚品**。在選用護膚化妝品時，宜選用油脂類護膚化妝品。保濕的乳液（霜）能深入肌膚，發揮真正的保濕作用，使皮膚滋潤。

(4) **宜用涼開水洗臉**。涼開水與人體細胞內的水分十分接近，有很大的「親和性」，因而易於滲透到皮膚內，還能使脂肪成為「半液態」，從而增加皮膚的活力，改善乾燥的狀況，對消除皺紋、細嫩肌膚很有幫助。此外，適當加強體育鍛煉，可促進血液循環，增加氧氣攝入量，促進人體內有毒物質儘快排出，增強皮膚的禦寒能力，以防止或減少皮膚脫屑、乾裂、起皺等，也有利於皮膚保持最佳狀態。

宜 美容宜講究最佳時間

(1) **宜選擇早上六至七時**。一方面由於夜間細胞活動變緩，水分聚集於細胞內，循環緩慢，在這個時間裏，許多人會出現眼皮腫脹的情形，選用能增強眼部循環、分解眼部毒素和收緊眼袋的眼霜；另一方面，早晨的保養要應付一天中皮膚所承受的壓力，所以，選擇保護性強的日霜及防曬霜，達到保濕、防曬、滋養的效果。

(2) **宜選擇上午八至十二時**。在這個時間，肌膚活力達到最高峰，皮脂腺分泌最活躍，這時皮膚承受力好：適合做面部護膚、身體脫毛等護理項目。

(3) **宜選擇下午一至三時**。在這個時間裏，血壓及荷爾蒙分泌降低，肌膚開始倦怠，容易出現細小皺紋，對含有高效成分的化妝品吸收力弱。所以，適合選用些精華素、滋潤霜、緊膚面膜來幫助肌膚恢復生機。

(4) **宜選擇下午四至八時**。在這個時間裏，隨著微循環的增強，肌膚對美容品的吸收力開始逐漸增強，最適宜到美容院去做美容保養。

(5) **宜選擇晚上十一時至凌晨五時**。在這個時間裏，是肌膚生長和修復最旺盛之際，肌膚對護膚品的吸收力特強。所以，睡覺前使用富含營養的滋潤晚霜、精華液等，會使保養效果發揮至最佳。

宜 夏季護膚宜用珍珠粉

立夏前後，萬物復蘇，人的肌膚也漸漸舒展開來，這時許多人會感到皮膚有所變化，特別是皮膚常常會有發癢、脫皮等現象。因此，夏季護膚宜用珍珠粉。這裏介紹幾種珍珠粉美容護膚的方法：

(1) **牛奶＋珍珠粉**。夏季，將牛奶溫熱，倒入零點六克細珍珠粉，在睡前，將珍珠粉與牛奶放在手心裏調勻，直接塗於臉部。牛奶珍珠粉能令肌膚柔嫩白皙，還可說明睡眠。

(2) **蛋清＋珍珠粉**。夏季，取一個雞蛋，將蛋清取出，另取零點六克珍珠粉混合調勻，塗於洗淨的臉部和頸部，待十分鐘左右乾後，再用水沖洗乾淨。每週一至兩次。蛋清珍珠粉，用於製作面膜，可以使皮膚白淨光滑。

(3) **礦泉水或飲料＋珍珠粉**。夏季，取零點六克細珍珠粉置於礦泉水或飲料中，混合均勻。礦泉水或飲料加珍珠粉可隨時飲用，有嫩白肌膚、鎮心定驚之效。

(4) **珍珠粉＋護膚霜**。夏季，先將臉部洗淨，再將少許超細珍珠粉調入護膚霜中，均勻地塗於臉部，可防曬、美白、祛斑。

宜 使用防曬化妝品宜講究因人因時

防曬化妝品，為一種防止紫外線直接侵害皮膚的化妝品。市場上銷售的防曬化妝品種類很多，有防曬油、防曬霜、防曬蜜、防曬水等。

那麼，應如何正確選擇呢？

(1) **宜根據皮膚的性質進行選擇**。乾性皮膚宜選擇防曬霜或防曬油，既可防止日曬，又可增添皮膚的潤澤；油性皮膚適合使用防曬蜜和防曬水，可減少臉部皮膚的油分。

(2) **宜根據季節的變化進行選擇**。夏季，烈日炎炎，選擇防曬化妝品其目的是為了預防日光灼傷皮膚，適宜使用防曬霜、防曬水；冬季與秋季，皮膚比較乾燥，容易起皺，選擇防曬蜜，在防日曬的同時，滋潤皮膚。

忌 夏天婦女忌化濃妝

據專家的研究，人的臉部約有汗腺七萬條，每天能排出汗液幾十毫升之多。尤其是夏季，為了散熱，臉上的汗液成倍增加，皮脂腺的分泌也很旺盛。在這種情況下，如把膏脂、香粉、口紅、胭脂大量塗抹在臉上，勢必堵塞皮膚毛孔，影響汗與皮脂的排泄，病菌可能乘虛而入，使臉上長出各種痱癤，疙疙瘩瘩，光澤頓失，欲美不得，反而變醜。久而久之，會影響健康。

有人說「化妝品都是慢性毒藥」，此話雖有些偏激，但也不是無道理。目前，市場上所售的各種化妝品，或多或少都含有一點有害的化學物質。當然，在氣候涼爽的時候，輕描淡抹，不留痕跡地修飾打扮一番，會使人精神面貌煥然一新。但是，炎炎夏日，為了皮膚健康，還是忌濃妝豔抹為好。

忌 秋季護膚有哪些方面的禁忌

(1) **皮膚疲勞時忌進行敷面**。當皮膚在烈日下暴曬過度或是熬夜、睡眠不足時，千萬不要做敷面。這是因為敷面具有刺激性，會造成皮膚負擔，使臉部肌肉更緊繃。

(2) **忌過度擦抹皮膚**。用力擦抹皮膚，或是用磨砂清潔面龐，只會刺激皮膚，使皮膚更乾燥。

(3)**忌抹太多的潤膚霜**。皮膚需要的是大量的水分，而非油脂，平日多拍打化妝水即可。

(4)**忌過度按摩皮膚**。在按摩時，一定要順著肌肉纖維的方向，進行柔和有效的動作，特別是眼周的皮膚特別敏感、脆弱，更需要特別小心。

(5)**忌經常觸摸臉部**。每當你輕按臉龐時，就已將塵埃、油脂或污垢附上臉部了。因此，儘量不要用手觸摸臉龐，以保持肌膚的乾爽舒適。

忌 冬天護膚忌使用純甘油

冬天，氣候寒冷，為了護膚，有許多人喜歡使用純甘油搽手臉。其實，這樣做不但無益，反而有害。

這是因為：純甘油吸水性很強，搽在皮膚上，只能起到暫時的濕潤作用，而不能滋潤皮膚。如果經常用純甘油塗搽皮膚，甘油會吸收皮膚表面的水分，時間長久，會使皮膚萎縮、起皺和乾燥。所以，冬天護膚忌使用純甘油搽手和臉。

宜 冬季護膚美容四宜

(1)**宜洗臉**。冬季洗臉，既清潔皮膚，又能給皮膚補充一些水分。皮膚在清洗、濕潤之後，能增加彈性，保持自然。洗臉避免用熱水和鹼性強的洗滌劑，易使皮膚鬆弛、粗糙和老化。

(2)宜按摩。冬季按摩，既增加血液循環，促進皮膚新陳代謝，又可除去部分表皮老化細胞。按摩時，可將濕毛巾敷在臉上，輕輕揉擦，也可結合塗脂，借助油脂的潤滑性一併進行。按摩的方向，則應順著皺紋，即由下向上，由裏向外。每次按摩一至兩分鐘即可。

(3)宜塗脂。選擇冬季護膚品，首先要清楚自己的皮膚屬性。油性皮膚的人，臉上經常油亮亮的；乾性皮膚的人，臉上常有乾燥感，冷風一吹，便感到臉皮緊繃：而中性皮膚的人，臉上一般無油脂外溢，冬春氣候乾燥，臉上也不會有乾燥不適之感。油性皮膚，應用奶液或蜜類護膚品，這類護膚品透氣性強，不致引起毛孔堵塞而生痤瘡；中性皮膚可選擇蜜類和霜膏類；乾性皮膚應以霜膏類為宜。

(4)宜睡前護臉。當人入睡之後，細胞新陳代謝較快，睡前護臉對促進皮膚健康更顯效果。但護膚品應相對少用一些。

宜 秋冬季節宜防唇裂

秋冬季節，天氣寒冷，氣候乾燥，嘴唇、口角的皮膚黏膜會脫落、起鱗片，繼而乾裂出血。專家指出，在這種情況下，細菌容易趁機而入，會引起感染、糜爛，情況嚴重者，還會出現腫脹、化膿。所以，秋冬季節宜防唇裂。

秋冬季節，預防唇裂的方法：一是在洗臉後，口唇上塗些油脂。二是風大時外出應該戴上口罩，保持口唇濕潤。三是注意多喝水，多吃新鮮蔬菜、瓜果，以補充體內的水分和維生素。如果發生口唇乾裂，不要用舌頭舔。否則，口唇上的水分容易蒸發，加重症狀。

秋冬季節，發生唇裂後，正確的處理方法是：將局部清洗乾淨，擠點消炎軟膏或其他油類，塗搽在口唇裂縫處，一天塗搽兩至三次。必要時，可內服維生素B。約十毫克，每日三次；維生素C三百毫克，每日三次；魚肝油丸兩粒，每日三次。一般情況下，口唇乾裂會很快治癒。

忌 看病前忌化濃妝

女性化妝後，找醫生看病，會給醫生的正確診斷帶來一定的困難，非常容易引起誤診。

這是因為：醫生看病首先是望診，望診是醫生察言觀色，觀察病人的面部及精神狀態，判斷疾病的重要手段。許多疾病在毛髮、面色、指甲、口唇等方面都有所改變。心臟病、肺結核、貧血等病症，各有其特殊的表徵，如果搽香粉、塗指甲油、描眉畫眼、抹口紅等，將有可能掩蓋病情的外在表現，給醫生診斷帶來麻煩，產生誤診。所以，女性就診前忌化妝。

忌全家人使用一種化妝品

在現實生活中，有的家庭為圖省事，不論男女老幼均同使用一種化妝品。其實，這種做法，既不衛生，又不科學。

這是因為：人的皮膚類型是有區別的，有油性皮膚、乾性皮膚、中性皮膚，不同類型的皮膚應使用不同的化妝品。一是考慮氣候的季節性變化，不同季節應使用不同類型的化妝品；二是小孩、孕婦、病人使用的化妝品也有特殊需求；三是化妝品種類很多，有些含有化學藥物，如果使用不當，會對人體造成危害。據研究，化妝品對人體的危害主要有致敏、皮膚細菌感染、接觸性皮炎、毒物吸收引起慢性中毒和「光毒性」反應等。所以，忌全家人使用一種化妝品。

忌多使用增白化妝品

在現實生活中，有許多女士，特別是皮膚黝黑的女士喜歡常用增白面霜。其實，使用增白霜的次數過多，會引起皮膚老化。

這是因為：增白霜是一種除色素製劑，富含有化學物品無機汞鹽和氫醌。據研究，氫醌是一種除色素皮膚增白霜原料，它通過對黑色素體形成和黑色素化的干擾，進而將黑色素細胞破壞。這種化合物，在皮膚增白霜中的含量為百分之二至百分之六，濃度超過百分之三時，會引起皮炎和皮膚萎縮或過敏反應，也有眼瞼浮腫等症狀。研究試驗證明，每天使用增白霜二至四次塗抹皮膚局部，五小時後，汞就被皮膚吸收。長期使用皮膚增白霜，汞會在體內慢慢積累，到一定程度時，會發生接觸性皮炎，全身症狀表現為體重下降：倦怠、貧血、脫髮、口炎、腎損傷和頭痛等反應。所以，忌多使用增白化妝品。

忌 小孩忌長期使用化妝品

在日常生活中，對於孩子來講，肌膚嬌嫩，護膚是很有必要的。但是，值得指出的是，長期使用化妝品，對孩子的皮膚健康很不利。

這是因為：一方面孩子使用化妝品，會和眼淚、汗液、鼻涕混合形成一層膜，影響皮膚正常的呼吸和代謝；另一方面化妝品雖是美化人體的產品，但化妝品又無一例外是各種化學成分的合成品，各種化妝品所含的色素、香料等化學物質，會引起化妝品皮膚炎。

忌 兒童忌用成人化妝品

在現實生活中，家長給孩子搽點護膚霜是非常必要的。但是，有些年輕的媽媽為圖省事，總是喜歡把成人化妝品隨便給孩子搽用。其實，這樣不僅無益，反而有害。

兒童處於生長發育時期，皮膚真皮中的皮脂腺尚未成熟，表面嬌嫩纖細，毛孔非常細嫩，抗菌力和免疫力比較弱，遇到外來刺激反應敏感。如果皮膚保護不好，不僅可使皮膚表面變得粗糙，且容易染上疾患。一方面成人化妝品膚劑粒子較粗，容易阻塞毛孔影響汗液排泄，另一方面，成人化妝品是根據成人皮膚特點製作的，成人皮膚表層較厚，有較強的抗菌、抗毒和承受刺激的能力，不易產生皮膚過敏反應。即使一些含有有害成分的化妝品，也不會給成人帶來危害，但是，對兒童來說，情況就不一樣了。例如，有些成人使用的香粉的含鉛量，祛斑霜的含汞量，染髮劑的含苯二胺量都較高；有些廠家限於技術設備條件和監測手段，難免生產出不合衛生標準的產品；至於粗製濫造的就更不用說了。這些產品一旦給兒童搽用，輕者可產生皮膚過敏，重者則會引起皮膚搔癢潰爛。所以，兒童忌用成人化妝品。

二、美體護髮宜忌

窈窕多姿的身材加上飄逸如水的秀髮，著實令人注目，令所有女士羨慕。因此，我們在堅持良好的塑身、護髮習慣的同時，還要弄明白相關方面的禁忌，否則就有可能給自己的身體與秀髮帶來不可想像的危害。

宜 秋季減肥宜吃馬鈴薯餐

大凡減肥的人，往往希望掌握既能夠保證營養又不會餓肚子的科學減肥方法。現代醫學研究認為，秋季出產的馬鈴薯，完全可以滿足人們的這一需要。

秋季食用馬鈴薯，不必擔心脂肪過剩的問題。因為，此時的馬鈴薯只含有百分之零點一的脂肪，是其他充饑食物望塵莫及的。馬鈴薯中的蛋白質不但有營養價值，還有保健功能。有人做出這樣的統計：五百克馬鈴薯的營養價值相當於二千克蘋果。食用馬鈴薯也不必擔心有難熬的饑餓。馬鈴薯在補足人體需要的全部營養素的同時，其豐富的纖維素可以讓胃鼓鼓的，讓人有「酒足飯飽」之感。另外需要向減肥者強調的是，這裏所說的「馬鈴薯減肥」，是需要以馬鈴薯為主食，而不是做菜肴來食用。可以將馬鈴薯製成馬鈴薯條或煎馬鈴薯餅等食物，每日堅持一餐只吃馬鈴薯，長期堅持下去，對預防營養過剩或減去多餘脂肪具有很好的效果。

宜 夏季減肥四宜

(1) **宜早起**。夏季天亮得早，減肥者應該抓住早晨空氣清新、涼爽的時光進行散步、跑步、騎車或打網球等運動。運動的最佳時間是早上九點之前。

(2) **宜多飲水**，少喝飲料。減肥者在夏季天氣涼爽時每天需要喝七至八杯水，在炎熱時還要再多喝二至三杯水。

(3) **宜飲食清淡**。減肥者可盡情盡興吃一些新鮮水果和蔬菜，以減少身體對其他食物的需要。

(4) **宜少吃多餐**。炎熱的天氣會抑制減肥者的食欲。由於肚子不覺得怎麼餓，白天可能吃得很少。但是，一到太陽落山，氣溫下降，便會食欲大增。所以減肥者可以每天吃五次飯，每次吃的數量要少，用餐的時間間隔要均勻。

忌 女性忌紮緊腰帶

很多形容女性體型美的句子中都會提及「豐胸纖腰」字樣，認為女性要有堅挺的胸部和纖細的腰才是完美的體型。於是很多人為了追求盈盈可握的細腰而節食減肥，也有人通過紮緊皮帶或束腰腹帶來強求細腰，其實這種過分的做法對身體是有害的。因為每日紮著很緊的皮帶容易增加腹內壓力，久而久之就會導致消化系統功能下降，容易讓人產生食欲不振、腹脹、反酸等症狀，嚴重的會出現胃潰瘍或十二指腸潰瘍，更有甚者還可能造成輸卵管黏連、子宮移位等婦科病。千萬不要因為追求美而拿健康作代價。

忌 豐乳劑忌長期使用

最近幾年似乎豐胸已經成為一種時尚，若是利用運動健身等途徑豐胸倒也無可厚非，但若是靠豐乳劑或豐胸藥品的話就不好了，因為這些藥品往往對人體有很大的副作用。近些年市場上的豐胸產品琳琅滿目，這些產品大多是因為含有較多的雌激素，塗在乳房上被皮膚吸收後能使乳房暫時增大。但長期使用會留下很多像月經不調、色素沉著、皮膚萎縮變薄等不良症狀，還有可能使肝臟內的酶系統紊亂，導致肝膽系統疾病。特別有些年輕的母親一定要慎用，因為豐乳霜是外用在乳房皮膚上的，能被皮膚吸收，母親用後再與孩子接觸，在皮膚接觸過程中，孩子的皮膚也會吸收這種豐乳霜，這對小孩的生長發育是很不利的。所以豐乳劑忌長期使用。

忌 減肥者忌長跑

長跑是一種很好的健身方法，適當長跑也能起到一定的減肥效果，但也因人而異。對於真正意義上的肥胖者，把長跑作為減肥手段卻並不理想。因為肥胖的人大多全身臃腫，大腿根處往往因為脂肪堆積過多，走路時都會產生摩擦，易導致紅腫甚至糜爛，如果是跑步的話，摩擦會更加劇烈，這樣的話，非但減不了肥還會引起其他疾病。還有一個原因是因為肥胖者體重超重，在長跑時，膝、踝關節均承受較大的地面支撐力的反作用，長期這樣「超負荷作用」容易導致膝、踝關節腫脹，甚至還會引起炎症。所以真正的肥胖者不宜長跑減肥，而可以選擇游泳或利用其他健身器械來達到目的。

宜 自然減肥五法

(1)**飲食巧搭配**。每餐選的食品應是高蛋白，低脂肪，低糖，低熱量的葷素搭配，粗細相摻。一日三餐，七八成飽。食物中應有牛奶，瘦肉，雞蛋，豆製品等高蛋白的食品；糖少吃或不吃；食油三十克左右，蔬菜三百至四百克為宜。

(2)**運動不可少**。生命在於運動。每天應堅持運動一小時以上，並且要持之以恆。根據個人身體情況確定活動項目，如游泳、散步、爬山、打拳、跳舞等。

(3) **減肥食物應經常吃**。黃瓜：黃瓜內含有丙醇二酸，可抑制糖類物質轉化為脂肪。同時黃瓜嫩子所含的維生素E有抗衰老和美容的作用。凍豆腐：凍豆腐的蜂窩狀組織，能吸收人體胃腸道中的脂肪，有利於脂肪排泄，同時豆腐經過冷凍能產生一種酸性物質，這種酸性物質能阻礙脂肪的形成。

(4) **經常測量體重**。標準體重的簡便計算方法是：身高減一零五等於標準體重。只要您的體重在標準體重的正負百分之十以內都屬正常。

(5) **不可操之過急**。理想、科學地減肥應是漸進而穩定的，若減肥過快，飲食控制得太厲害，體內大量脂肪分解會產生過量酮體，既影響機體正常代謝過程，又有害健康。

宜 減少腹部脂肪三法

肥胖莫過於腰粗，腰粗莫過於腰腹脂肪過多，減少腹部脂肪除了適當控制飲食，體育鍛煉是較有效的方法。

(1) **仰臥舉腿**。雙腿併攏、伸直，運用腰腹部力量，盡可能使雙腿上舉，使腰背和臀部離開床板向上挺直，然後慢落，反覆進行。

(2) **仰臥起坐**。雙手抱於頭後，身體伸直或屈膝，連續做起、躺動作，反覆進行。

(3) **仰臥屈體**。運用腰腹部力量向上舉腿，同時雙臂向前平伸屈體，使雙臂和兩腿在屈體過程中相碰，連續進行。以上運動方法可單獨或結合進行。共十分鐘左右，每週四至五次，堅持三個月，效果顯著。

宜 女性產後防止變胖的竅門

女性分娩以後，身體會逐漸「發福」，在醫學上稱為「生育性肥胖」。而最新的研究認為：「女性生育性肥胖」，特別是產後若干年，現齡到達三十六至四十歲的「女性突發性肥胖」，多半是當初生產後「多吃少動」埋下的隱患。為此，產後身體健康、會陰無破裂者，廿四小時後便可下床活動。生產一周後宜適當增加輕度活動，可增強神經內分泌系統的功能，以促進新陳代謝和脂肪分解。要會吃、善吃，多吃些魚、瘦肉、豆製品、蔬菜、水果，少吃動物內臟、動物脂肪、甜食、蛋黃等，便可保持婀娜多姿的苗條身材，

宜 寒冬保健宜頭部保暖

常言道：「冬天戴棉帽，勝過穿棉襖」。在現實生活中，別小看帽子的保暖作用，它與人體的熱平衡有著較密切的關係。

現代科學研究證明，靜止狀態下，不戴帽子的人，在環境溫度為十五度時，從頭部散失的熱量，約占人體總產熱量的百分之三十，四度時約占百分之五十，零下十五度時可高達百分之七十五。因此，從保健的角度講，在寒冷的冬天，戴上一頂保暖性能良好的帽子，還是非常有必要的。否則，會因頭部暴露而受寒冷刺激，導致血管收縮，肌肉緊張，引起頭痛、傷風感冒、失眠等不良症狀。

宜 養生護髮宜天天洗

頭髮，每天都要經歷各種污染的考驗。大氣中的粉塵、汽車尾氣、攜帶工業污染物的雨水，都很容易黏附於頭髮，增加髮絲間的摩擦，甚至有一定的腐蝕作用。就連餐廳、會議室等狹小空間中的香菸煙霧、廚房裏的油煙、家庭裝潢材料等，不但會讓頭髮佈滿異味，其成分還會對頭髮有輕微的腐蝕作用，而且還會損傷頭髮角質蛋白。現代醫學研究分析認為，養生護髮宜天天洗頭，洗髮就像給頭髮塗上了一種「防曬露」，可以保護發質，促進血液流通，使頭髮健康、順滑、光亮。

宜 護髮宜用溫熱清水交替洗頭

日常生活中，用溫熱清水交替洗頭，可以進一步改善頭皮血液循環，加快新陳代謝，刺激毛乳頭發育，形成新的毛球，從而長出新髮。其科學方法為：

先用雙手在頭皮上揉擦三至四分鐘，使頭皮發熱，用低於廿五度的溫水淋洗頭部。然後，將頭浸泡在三十八度至四十度的熱水中五分鐘。經常堅持，可以促使脫髮者長出新髮。

宜 洗髮精宜交替使用

現代研究分析認為，洗髮精是由多種不同的化學物質所構成。如果長期使用同一種洗髮精，那麼，洗髮精所含的化學成分，往往會積累在頭髮上，無法排出，日積月累，就會產生一種抗氧化的化學變化，對頭皮造成不同程度的傷害。

專家指出，科學的洗髮方法是：交替使用不同類型、不同品牌的洗髮精。平時，宜選擇一些生物配製的洗髮精。這是因為：過分刺激毛囊，往往會使頭髮分泌功能失調，導致「脂溢性頭皮炎」的發生。

宜 去除頭皮屑宜常用啤酒洗頭

日常生活中，有不少人常為頭皮屑煩惱。現代醫學研究認為，去除頭皮屑，宜常用啤酒洗頭。其具體操作方法為：

用啤酒把頭髮淋濕，保持十五分鐘以上，再用普通的洗髮膏將頭髮洗淨，幾天後，可去除頭皮上的皮屑。專家指出，常用啤酒洗頭，不但使人感到舒服，而且也不會造成頭皮損傷。

宜 美髮宜食療

(1) **頭髮光潔、濃烏**。茄子、食醋、紅糖各適量。將茄子清洗乾淨，切成片，用食醋、紅糖拌製成醋茄片，經常食之。

(2) **脫髮、謝頂**。紅棗、桂圓肉、桑椹梢、桂花、白糖各適量。將紅棗、桂圓肉、桑椹梢加桂花、白糖製成甜食「蜜三果」，隨時食用數粒，可以固牢髮根，增加彈性。

(3) **白髮返黑**。核桃仁一千克，黑芝麻兩百五十克，桑植子五百克，加蜜蜂二千五百克拌和，每日服兩次，每次五十克，用開水送服，久服有效。

(4) **養髮**。菊花、石榴花各適量。將菊花、石榴花沖水替代茶飲，常飲可保護頭髮不損，使頭髮柔順秀麗。

(5) **增強頭髮抗衰能力**。羊肉、紫菜、絲線粉各適量。將羊肉清洗乾淨，切成片，倒入佐料水中煮湯，在肉快熟時，再加紫菜和絲線粉，肉熟湯濃，即可供飲用。常喝它，能增加頭髮抗衰能力，使之多密健美。

(6)**頭屑**。菊花、蜜汁、生藕各適量：將菊花、蜜汁拌生藕，久食之，有較好的療效。

宜 頭髮早白食療三宜

(1)**何首烏煲雞蛋**。何首烏六十克，雞蛋兩個，加水適量，置於火上同煮。雞蛋熟後，去殼再煮片刻，吃蛋喝湯。

(2)**首烏羊肉湯**。何首烏十克和黑豆、黑芝麻、核桃仁各五克同裝入紗布袋裏，與羊肉、羊骨同煮。煮時加入蔥、薑、白胡椒適量，羊肉燉熟後，放鹽和味精調味，吃肉喝湯。

(3)**芝麻白糖糊**。芝麻、白糖各適量，清洗乾淨，放入鐵鍋中，以文火炒香，將芝麻晾曬，搗碎，裝入瓷罐內。每次兩湯匙，放入碗中，加入白糖，用開水沖服之。

忌 夏夜睡前忌洗頭

夏季，有很多人習慣於睡前沖涼，濕著頭髮，開著電扇、空調，呼呼睡去。結果，次日醒來，不是頭痛乏力，便是感冒流涕。其實，睡前洗頭的危害，還不止這些。因為，無論是冬季還是夏季，人的陽氣在晚上，特別是在午夜表現最弱。夏季人體本來消耗就大，容易疲憊，抵禦病痛的能力降低了。所以，睡前洗頭，水分滯留於頭皮，頭部的陽氣遇冷而凝，長此以往，會導致氣滯血瘀，經絡阻閉。

如果洗完頭後，再睡進空調房間裏，頭部對著冷空氣吹，則會寒濕交加，更容易患病。睡到半夜醒來，就會感覺到頭皮局部有滯脹麻木感，伴綿綿隱痛。第二天清晨，更是頭痛難忍，時間一久，就會引發一種「頭皮皮下靜脈叢炎」的疾病。檢查時可觸及頭皮局部的頭皮增厚、增粗，乃至皮下腫塊隆起。有些人年輕力壯的時候，感覺無所謂。但是，隨著年齡增加，會為頭痛苦惱不已。因此，睡覺前沖涼，忌將頭髮淋濕。

忌 老年人忌後仰洗頭

美國紐約醫學院神經病學專家警告說：老年人半躺著，把後頸擱在盆沿上請別人洗頭，有腦中風的危險。

在聖地牙哥召開的美國神經病學學會的一次會上有專家指出：「老年人的動脈硬化、關節炎和其他的疾病，使脖子不能動的超過一定範圍。」已經有許多老年人在後仰洗頭時發生腦中風。他調查了廿五名有「輕微腦中風」史的老年人，發現其中廿三名老年人對頸部的過激運動很敏感；十八名老年人在後仰洗頭的姿勢時，有輕微腦中風症狀。他認為，應向理髮師和老人提醒，洗頭忌後仰，以免出現腦中風。

忌常噴髮膠

髮膠，通常稱為整髮劑，是由酒精、聚環氧醇、整髮劑、脂酸醋等配製而成的。近年來，國內外科學界的研究人員發現，在日常生活中，經常使用髮膠會影響人體健康。

美國CDC專家調查發現，一些髮膠所含有機溶劑具有麻醉作用和致癌作用。我國香港特別行政區消費委員會認為，部分髮膠也有致癌作用。研究分析認為，一是含有三氯甲烷的髮膠，對人的眼睛、皮膚有傷害；二是有的髮膠，會引發過敏性鼻炎、哮喘和上呼吸道疾病；三是在髮膠中，所含的酒精對頭髮有傷害，可使頭髮變脆、枯黃。因此，專家建議，忌經常使用髮膠。

忌長期用染髮劑

國外研究資料表明，普通染髮劑如果連續用上十年，只要人的皮膚吸收其百分之一的物質，就能引起癌變。這是因為：染髮劑含有氧化染料，是一種苯二胺物質，它可以同頭髮中的蛋白質形成完全抗原，常會引起過敏性皮炎。病情輕者，頭皮紅腫、刺癢、灼痛；病情重者，整個頭皮、脖子、臉部等部位，均會發生腫脹，起水泡，流黃水，甚至化膿感染：此外，有的染髮劑是一種潛在的致癌物質，長期使用染髮劑，會使人患乳腺癌、子宮頸癌、皮膚癌、腎臟癌、膀胱癌等癌症。所以，忌長期用染髮劑。

忌 冷燙頭髮忌次數過多

油黑發亮的頭髮，會給女性增加靚麗和美感。在日常生活中，有許多女性很注意頭髮的保養和修飾。但是，有的人燙髮數次過多，不僅失去了美髮的目的，而且影響身體健康。

美髮是女性美容的一個重要方面。所謂冷燙，是指利用硫代甘醇酸作為冷燙液，塑成不同髮型的燙髮方法。冷燙具有方便、簡單、易行等特點，非常受人們歡迎。但是，硫代甘醇酸是一種高毒類化學物質，不但可發生過敏反應，而且使用過量還會引起中毒。

據實驗證明，用百分之十硫代甘醇酸，每千克體重用五毫升，貼在動物皮膚上，會引起動物的死亡。在死之前，會出現無力、氣喘、抽搐等症狀。燙髮所用的硫代甘醇酸濃度為百分之二至百分之十，這種濃度，對皮膚、眼睛等部位具有較強的刺激性，如果用量過大或接觸時間過長，或者頭皮有損傷時，皮膚吸收不但快，而且非常多，將會引起人體中毒。所以，冷燙頭髮忌次數過多，時間不宜過長。

忌 孕婦頭髮忌冷燙

在現實生活中，有許多孕婦為單純追求「外表美」，經常上美容院進行冷燙。殊不知，燙髮會影響胎兒健康。這是因為：一方面在冷燙液中，富含有一種含硫基的有機酸，屬於有毒化學物質，在常溫下可溶於水中，可以通過皮膚吸收；另一方面冷燙藥水多鹼性較強，如使用過量，接觸面廣，很容易引起頭髮角質變性或脫髮，有的還會有過敏反應。如果孕婦頭髮經常進行冷燙，則有害胎兒發育。

忌 兒童忌燙髮

在現實生活中，有些年輕父母為了把自己的孩子打扮得漂亮一點，常喜歡給小女孩燙頭髮。其實，給孩子燙頭髮是有害無益的。

燙髮有電燙和冷燙之分。電燙時先用鹼性很強的氨水塗在頭髮上，通電加熱，使頭髮的角質蛋白改變結構而固定髮型。兒童正處在發育時期，頭髮中的角質蛋白尚不穩定，一旦受到破壞，便很難復原。電燙還會使油脂分泌減少，導致頭髮枯黃發脆，失去光澤甚至脫髮。冷燙主要通過冷燙精中的硫代乙醇酸銨來處理頭髮。它是一種捲髮固定劑，亦有引起脫髮的弊病，並能使皮膚發生過敏反應。兒童燙髮之後，頭髮容易黏在一起，不易梳理，還會影響汗液蒸發，妨礙頭皮的新陳代謝，給細菌大量繁殖提供有利條件。特別是熱天，容易長痱子，或造成皮炎，使頭皮奇癢難忍。如果孩子用手搔癢，還會引起感染，有害身體健康。所以，兒童忌燙髮。

忌 家庭忌共用一把梳子

在日常生活中，經常看到有的一家好幾口人共用一把梳子，即使來了客人也要用同一把梳子。其實，這是一種很不衛生的習慣。這是因為：在全家人身體健康時，不會出什麼事，如果家庭某個成員患有頭癬，使用過的梳子，其他人再使用，就會被傳染。頭癬由真菌和微生物引起，分黃癬、白癬和黑癬三種，分別由黃癬菌、鐵銹色小孢子菌、紫色癬菌或斷髮癬菌等疾病真菌感染造成。這些真菌感染頭皮後，會在毛囊裏生長繁殖，損壞毛髮及其周圍組織，使頭髮脫落，結瘡痂，令人疼痛難忍。頭癬的傳染性很強，患者使用過的梳子，健康人接著用，會將頭癬傳染給家庭中其他健康人。所以，忌共用一把梳子。

第三章 養生保健宜忌

第三章 養生保健宜忌

一、老幼保養宜忌

老人與兒童是一群特殊的人群，他們屬於相對比較弱勢的群體，他們的身體與心理都應該得到特殊的照顧。因此，老人與兒童身心養護應該有著不同於其他人群的宜與忌。

養生保健，應從點滴做起，這樣健康之福才會享之不盡。養生保健與季節有著密切的關係，在不同的季節，所用的方法也是不相同的。若是能夠掌握到其中的技巧，定能令你受益無窮。但是，如何做才能起到養生保健的目的呢，又有哪些是應當禁忌的呢？謎底即將為你揭曉。

宜 女性宜多吃蒟蒻和綠豆芽可防便秘

大家都知道，便秘是件讓人非常痛苦的事，症狀輕微的可以讓人產生腹脹、腹痛、睡眠不安，而嚴重的則會引發痔瘡、便血、肛裂等。得了便秘，要多飲水、適當地進行活動，還要養成正確的飲食習慣，應多吃高纖維食物。而蒟蒻和綠豆芽就是兩種利於通便的食物。

(1)**蒟蒻**。一種低熱能、低蛋白質、低維生素、高膳食纖維的食品。其中的主要有效成分是葡甘露聚糖，屬可溶性半纖維素，它能吸收水分，增加糞便體積，改善腸道菌相，使腸內細菌酵解產生低級脂肪酸，刺激腸蠕動，這些都有利於排便。值得注意的是，生蒟蒻有毒，必須煎煮時間長一些才能食用，且每次食用量不宜過多。

(2)**綠豆芽**。富含蛋白質、脂肪、糖類、膳食纖維、多種維生素，在發芽過程中還能產生豐富的維生素C（乾綠豆不含維生素C）。關於綠豆芽的通便減肥作用，在中醫古籍中就有記載：「綠豆芽性涼味甘，不僅能清暑熱、通經脈，還能調五臟、利濕熱。適用於熱病煩渴、大便秘結等症。」

宜 中老年人宜多吃枸杞保健

枸杞也叫血杞，具有補腎益精、養肝明目的保健功能，是中老年人最常用到的滋補佳品。枸杞中含有十四種氨基酸以及大量的胡蘿蔔素，還含有菸酸、甜菜鹼、牛黃酸、維生素B、維生素C以及磷、鐵、鈣等物質。

經研究證明，枸杞可以防治糖尿病、肝病、高血脂症及腫瘤等有特殊的醫療價值。枸杞中所含的大量胡蘿蔔素，進入人體後在人體酶的作用下，可以轉化成維生素A，維生素A向來被看作保護眼睛、防止視力退化的特效維生素，因此枸杞對眼睛的保健功效也是非常顯著的。

人們在進入中年以後，可食用枸杞蜂蜜茶等保護視力或治療老花眼。首先，應當選用優質的枸杞一勺，在沖洗乾淨後放入杯中，再用開水兌入，等待水溫稍涼時放入一勺蜂蜜，攪拌均勻後即可飲用。每天早晨起來和晚睡前各飲一杯，一至兩個月後即可明顯見效。

宜 春季宜養肝、肺、腎

春季養生，尤須注意肝和肺的保養。像有些遷延性肝炎、慢性肝炎，每到春季多有復發。而且還會支氣管擴張，引起咯血。因此，在春季除了防寒保暖外，還要留意飲食宜忌、勞逸結合、情志安定等。

在飲食上，不宜過多食用筍、雞等。因為多食筍會消耗更多的元氣，容易引發疾病。食筍能引起咳嗽，導致咯血、哮喘的復發。食用雞肉會助肝火，引起肝木偏亢，導致遷延性、慢性肝炎及高血壓等病的復發。春季宜多食些柔肝養肺的食品。如薺菜，益肝、菠菜、等可以通血脈、健脾補肺。

銀耳味甘平、無毒，能潤肺生津，益陰柔肝。此外，菊花茶能疏風清熱，有平肝、預防感冒、降低血壓等作用。但是，久服菊花，容易造成疏泄太過，使肝失去滋養。但是，若是將菊花與桑葚同泡茶喝，利用桑葚的養血柔肝、益腎潤肺作用，可以收到肝、肺同養的效果。

春季，還適宜養腎。對於腎功能不佳的患者來說，春季是養腎與調理的好時節。中醫一直就強調，腎臟病患者在春季應注重生活上的調理，飲食以清淡甘味為主。腎臟病患者在春季的生活中，宜早起呼吸新鮮空氣，做柔軟的體操。尤其應注重保溫，以免感冒；在飲食方面，不可食用過於辛辣油膩的食品，以免損及肝腎。因此，在春季適宜多食用蔬果等清淡食品，如山竹、蓮藕、黃瓜及香瓜等。

宜 秋季養生宜在養肺

秋季養生，重點在於養肺。不過，秋季養肺與春季養肺還是有所不同的。由於秋季轉涼，氣候乾燥，一切生物的新陳代謝機能開始由旺盛而轉為低潮。人體如果不能適應外界氣溫的變化，體表肌膚及擔負呼吸機能的肺臟稍有不慎，便會發生感冒、咳嗽，特別是那些素有哮喘病、支氣管炎等病史的人，常會在秋季復發或使病情加重。

因此，在飲食調理上，要堅持以防燥護陰、滋陰潤肺為基本原則。可以多吃芝麻、核桃、糯米、蜂蜜、甘蔗等，以起到滋陰、潤肺、養血的作用。

宜 秋季養生宜洗冷水浴

秋季多洗冷水浴，對人體有很多益處。就是用五至二十度的冷水洗澡，當然也包括冬泳在內。

(1)有助於消化功能的增強，使人食欲旺盛。冷水浴對治療慢性胃炎、胃下垂、便秘等病症有一定的輔助作用。

(2)可以加強神經系統的興奮性。當肌膚遇到冷水時，寒冷的刺激會使大腦立刻調動全身各系統、器官，加強活動，對冷的侵襲進行抵抗，全身組織和系統也因此得到鍛煉。所以，洗冷水浴後一般會覺得精神煥發，頭腦特別清醒。

(3)可以增強人體對疾病的抵抗力。當受到冷水刺激後，皮膚血管很快收縮，將大量血液驅入深部組織和內臟器官。內臟血管也隨之擴張，稍停一會兒皮膚血管再擴張，大量血液又從內臟血管流向體表，這樣一張一縮，反覆循環，提高了血管的承受能力，使血管彈性增強，有助於預防血管硬化，減少心腦血管疾病的發生。所以，還有人把冷水浴稱為「血管體操」。

宜 冬季養生宜食菌類食品

在寒冷的冬天，蔬菜的品種不多，人們可以考慮一下以菌類作為養生的首選保健食品。

(1) **香菇**。香菇所含的多糖能降解癌毒素，從而減小癌毒素對免疫系統的影響。香菇中含有的葡萄糖苷酶，可加強機體抗癌作用。香菇含有三十多種酶和十八種氨基酸，並含有一種麥角固醇，還因此被譽為「蘑菇皇后」。

(2) **蘑菇**。蘑菇營養豐富，富含優質蛋白、維生素A、維生素B、維生素C、維生素E及多種微量元素，是一種低脂、低糖、低鹽、低熱量、高蛋白的食物。富含賴氨酸，能夠提高自身的抗病能力、增加血色素、明顯地提高智力，是冬季老少皆宜的食物。

(3) **銀耳**。銀耳對多種腫瘤有抑制作用。銀耳糖漿能顯著增強巨噬細胞的功能，對射線損傷有保護作用。冬季經常食用銀耳，對神經衰弱、失眠、心悸、身體虛弱、高血壓和動脈硬化等調養效果極佳。

(4) **黑木耳**。黑木耳營養豐富，滋味鮮美，是冬季家庭烹飪的常用佳品。並有清肺益氣、活血、益胃、潤燥、滋補強身的功效。黑木耳還能減少血液凝塊，軟化血管，防治高血壓和動脈粥樣硬化。黑木耳中所含的植物膠質，還是有益於人體的天然滋補劑。

宜 冬季保健宜防體溫過低

(1)**避免飲酒**。酒精能使血管擴張、皮膚充血，會造成溫暖的錯覺，但同時卻使體內重要器官缺血，體溫迅速下降。

(2)**適當飲食**。節制飲食比一般人容易發生低體溫。因為他們體內缺少由脂肪細胞提供的「隔熱層」，所以應攜帶高熱量的速食。

(3)**重視藥物的影響**。有些藥物，如控制血壓的藥物、抗抑鬱藥、某些心臟病藥物，均可影響人體對外界低溫的反應。應向醫生們詢問，你正在服用的藥有哪些潛在的危險性。

(4)**穿適當的衣服**。準備衣服有三條原則：輕便、寬鬆、多層次。一件薄的擋風、寬鬆、多層次的外衣，足以抵擋寒風，但又不影響透氣，而且可根據天氣變化適當增減。需要特別注意的是，人體的熱量可經頸部散發掉，因此，冬季帽子與圍巾是必不可少的。專家們還建議，帶上防水的連指手套，從而形成一個充滿熱氣的口袋；下穿不太緊的襯褲和防風罩褲。

(5)**保持乾燥**。水分蒸發時，由於吸收熱量，使人體迅速發冷。要設法穿得輕便些，行走慢一些，以減少蒸發。雖然穿著防水外套，但還要注意使身體透氣，讓汗液蒸發。如果人體受濕，要避免風吹，因為此時感染風寒是非常嚴重的。

(6)**防止脫水**。這一點在運動時特別重要。出汗和呼吸損失了體液，減少了血容量，而

「腦子和心臟不能在缺氧的血液下充分活動」。專家們建議「在進行戶外活動之前，要飲足量的液體和熱飲料。」

忌 男性忌盲目壯陽

很多人都認為牛鞭、狗鞭、鹿鞭，以及海狗腎、犀牛角等，都具有益腎壯陽的作用，可以有效地刺激性欲。所以，很早就有人把梅花鹿、牛的陽具割下來，待風乾後，當作壯陽良藥高價出售。其實，這類壯陽藥，對增強性欲的作用是極為有限的。盲目地利用性藥催情，不但可以使內分泌功能紊亂，引起免疫功能下降和腎功能衰竭，長期服用後，還可能導致無法恢復的勃起功能障礙。因此，若是真的需要壯陽，務必在專業醫生的指導下使用性藥，禁忌盲目的壯陽。

忌 女性養陰忌濫補

女性朋友們在進補時，食補應以滋陰潤燥為主，可以多進補一些烏骨雞、豬肺、龜肉、燕窩、銀耳、花生、鴨蛋、梨等，這些食物與其他有益食物或中藥搭配，補陰的功效非常好。

女性朋友們進行藥補，則應適當地配以養陰生津潤肺的中藥，這些藥物種類較為豐富，如麥冬、石斛、玉竹、太子參、沙參、百合、天花粉、蘆根、白木耳、杏仁、龜板、鱉甲、地黃等。不過，在使用這些藥物時，要有所選擇，千萬不要不分青紅皂白、一股腦兒地全部使用。

忌 孕婦應忌多食用補品

我國的傳統中醫理論認為：「女性在妊娠後閉經，臟腑經絡之血皆注於沖任以養胎，母體全身處於陰氣偏虛、陽氣相對偏盛的狀態。」因此，曾把孕婦的主要生理變化概括為「陽常有餘，陰常不足」，「氣常有餘，血常不足」，容易出現「胎火」。

桂圓中含有葡萄糖、維生素、蔗糖等物質，營養豐富，是重要的補品之一。而且桂圓還有補心安神、養血益脾之效，但性溫大熱，一切陰虛內熱體質及患熱性病者均不宜食用。孕婦食後，不僅不能保胎、營養胎兒，反而容易出現漏紅、腹痛等流產的症狀。因此，孕婦應當禁忌。

人參雖然屬大補之品，但是懷孕婦女若是久服或用量過大，則會造成陰虛火旺，不利於健康。李時珍就曾指出：「人參性甘溫助氣，而氣屬陽，陽旺則陰愈消。」即指若是服用不當，就會容易造成陰虛陽亢。還有就是，服用人參過多可產生抗利尿作用，易引起水腫。孕婦濫用人參，就會容易加重妊娠的嘔吐、水腫和高血壓等現象，還可促使陰道出血進而導致流產。

胎兒對人參的耐受性很低，孕婦服用過量人參，有造成死胎的危險。所以，孕婦應當忌多服人參等補品。

忌 中年應當禁忌過勞

過勞死在西方一些發達國家比較常見，其原因不在於工作勞累而是壓力大。所以，為了避免此類事情的發生，應先從減壓做起。其實，過勞猝死也是有跡可循的，可以及早警覺、適時地防範。

引發過勞猝死的原因絕大部分來自於工作上的壓力。當工作壓力過大時，就會影響到個人的行為，於是會借助抽菸、喝酒來分散壓力，以讓自己有一點喘息空間。此時，就會影響到生理及內分泌的正常。腎上腺素分泌就會增加，導致交感神經亢奮、血管收縮、血壓升高，間接影響心臟血管系統的正常運作，提高狹心症、心肌梗塞或腦溢血的罹患機率。

一般來說，工作壓力通常來自於被動的要求過多，事事難如人意，壓力日積月累起來，導致身體難負重荷，使健康亮起紅燈。因此，要學會自我釋壓，除了自我要求不要過高、上司要多體諒部屬之外，與同事間不妨多進行些相互探詢，切不可把心事過度壓抑，更不要讓工作壓力影響正常作息，此外還可進行適度的運動。

忌 用菸酒解乏應當禁忌

很多人會在困倦或疲乏時會點上一支菸，或者喝上一點酒，借此來提神解乏。其實，這種做法對身體有很大的危害。

吸菸提神，主要靠的是菸草中的菸鹼，中和了一部分肌肉和血液中過多的乳酸。此外，菸鹼還會刺激人體分泌較多的腎上腺素，引起血糖升高。因此，菸的解乏作用，是靠毒害作用很強的菸鹼完成的。

還有就是喝酒解除疲勞，這是由於酒精刺激中樞神經系統，使其處在興奮狀態，讓人產生欣快感，但酒量過大，中樞神經系統很快就會進入抑制狀態，使人感到昏昏沉沉，甚至昏迷不醒，這是一種麻醉性質的毒害作用。所以，不管是哪種方法都是不可取的，其結果都是得不償失的。

忌 雞蛋忌做補品

有些中年人，無論是雞蛋、皮蛋、鹹蛋，什麼蛋都喜歡吃，覺得對身體大有裨益。而另外一些中年人因懼怕膽固醇，一顆蛋也不敢吃，究竟誰的進食態度正確呢？

怕吃蛋的人，知道蛋含膽固醇極高，又知道過量膽固醇會使人血管硬化，可能導致心臟病，於是便不敢吃蛋了，不錯，蛋黃裏確實含膽固醇相當高，一顆蛋黃含二百五十毫克膽固醇，相當於每人每日膽固醇攝取量的三分之二，要預防血管硬化，確實不宜過分吃蛋。然而，膽固醇對身體的功用非常重要，它是製造膽汁酸和與合成身體荷爾蒙有密切關係，體內膽固醇百分之三十從膳食吸收，百分之七十在人體內合成，所以不必因懼怕心臟病而完全戒掉膽固醇高的食物，一如其他許多飲食原則，最重要是有節制進食，身體健康者，一天一顆蛋也無妨。

一顆蛋所含營養價值非常高，肉類中除了肝臟以外，沒有一種營養價值可與之相提並論。外國人吃蛋比中國人多，早餐吃蛋款式多，如煮蛋、煎蛋等，中午一個火腿蛋三明治，或蛋沙拉，雞蛋便可榮升主餐的地位，平日外國人吃糕餅甜點，用蛋數量驚人。

早在數十年前專家就研究發現，血脂膽固醇超出正常越高者，得心臟病的機會也相對提升，故此十多年來，專家每勸病人減少吃含膽固醇高的食物，是針對不要吃太多雞蛋。

在亞洲，專家覺得更適切的勸喻，卻是提醒市民除蛋黃外，留意其他含膽固醇量過高的海產和內臟食物。海產中特別是蝦、蟹、龍蝦、魷魚、墨魚等，在一百克的份量中，便含有相等於一個蛋黃的膽固醇！同樣，一百克的肝、腰、腦、心等家禽和畜類的內臟，所含的膽固醇也相同，所以，如果膳食中要控制膽固醇總量，便必須小心節制以上的食物！

一般家庭較少在一餐中烹煮這三類食品，但經常飲宴的中年人，卻要小心。攝取過量油脂和膽固醇，可以導致心臟病突發。

忌 生蜂蜜忌做補品

在自然界裏的植物，可以分為有毒和無毒兩大類。無毒植物的花期較早，而有毒植物的花期較晚。在農曆的七月，絕大部分無毒植物的花期都會過去。因此，有益於身體健康的花源也減少許多。但是，這時有毒植物卻正在花開繽紛，招蜂引蝶。在這個時期，蜜蜂往往會在饑不擇食的情況下，採集有毒植物的花粉和花蜜，使釀的蜂蜜中混進一些有毒的物質——生物鹼。人們如果吃了這種生蜂蜜，就會出現頭暈、噁心、頭疼、腹瀉、腹疼等症狀。所以，為了預防或避免發生食用蜂蜜中毒，大家應當慎食秋季的蜂蜜。

忌 春季養生忌大補

在春天陽氣發升，人體內腸胃的積滯較重。因此，春季養生，陽氣應以生發為順，若是進行大補的話，極有可能會使肝臟鬱氣滯帶，從而使陽氣升發受阻，導致肝氣鬱結。所以，在春季應當禁忌大補。

忌 夏季忌拔牙

夏天不宜進行拔牙的原因主要如下：

(1) 若是拔牙的話，由於病牙在拔除後，會有一個暫時性的創口，尤其是近根牙。因為夏天口腔黏膜內毛細血管明顯擴張，創口周圍的毛細血管內的血液不易凝結，很容易出血或引起血腫。此時，如果傷口消毒不嚴，細菌就可能在血腫內生長、繁殖，引起感染。一旦感染，就會迅速向周圍肌肉、軟組織，以及有間隙的地方擴散，造成黏膜下組織感染、腫脹和劇烈疼痛，繼而出現不能張口、全身衰弱等一系列症狀。

(2) 由於夏天氣溫較高，流汗較多，很牙齦等口腔組織容易被感染。為了在夏日高溫中維持正常的生理活動，必須加強各種體溫調節機制來維持正常體溫，這種反應會使拔牙後的創面受到細菌的侵襲。

不過，也不是說在夏季一定不能進行拔牙手術。對那些必須拔除的病牙，還是應當機立斷地及時拔除，千萬不可顧此失彼，因小失大。

忌 秋季養生最忌忽視心理調整

氣候對人們的生理和心理都會產生一些微妙的影響。尤其是在入秋後，就診的抑鬱症會逐漸增多，這些都與氣溫不穩定、草枯葉落等現象有關。特別是老年人，就更很容易產生消極抑鬱的心理。所以，秋季養生應當禁忌忽視心理的調整。

再者，由於秋季的日照時間漸短、氣溫逐漸降低，還會導致人的體溫調節中樞功能暫時失調，使生命活動處於不興奮的狀態。基於此，專家們指出，在秋季生活中，應堅持做到下列五點：①調整飲食；②適當增加光照；③加強鍛煉；④調適心態；⑤排除憂慮。這樣做，可以有效地防患於未然。

忌 冬季洗澡忌水溫太高

在冬天洗澡時，最忌的就是水溫太高，水溫一般在三十五度至四十度就可以了。水溫過高，就會使人暈倒，使體表血管擴張，加快血液循環，促進代謝產物的排出，去脂作用也比冷水強。同時，熱水對大腦也有一定的抑制作用。所以，在冬天洗澡時水溫應忌太高。

忌 老年人忌長時間看電視

老年人全身各系統各器官的生理功能明顯減弱，其耐受力及應激力也相應下降。加之老年人常身患多種疾病，如看情節波動大、驚險的片子時，則會使交感神經高度興奮，腎上腺素分泌增加，從而導致血壓上升和血液黏稠度增高，有的還可能發生意外。因此老年人，尤其是同時患有心、腦血管疾病者，不宜過久地觀看電視節目。

忌 老年人忌睡眠過多

有一部分老年人有睡懶覺的習慣。我國的中醫理論認為，老人久臥易傷元氣。如果睡眠過多的話，就算沒病也會躺出病來。因此，老年人為了身體健康，不要睡眠過多。

因為久臥會造成新陳代謝能力下降、營養障礙、氣血運行不暢、筋脈僵硬不舒、身體虧損虛弱。所以，老年人要養成早睡早起的好習慣，在保證充足睡眠的同時，還要防止睡眠過多，每天以八小時為最好。

忌 患有冠心病的老人忌補人參

冠心病可以說現代老年人最常見的疾病之一。治療冠心病應立足於防止動脈硬化和堵塞，調整脂質代謝，促進脂質分解為主。

因為人參中含有大量的抗脂質分解的物質，不利於動脈硬化患者的康復。此外，人參中的天門冬氨酸、精氨酸等氨基酸也都具有抗脂質分解的特徵。因此，冠心病患者若是長期服用人參，這些物質就會抑制體內脂肪和動脈內的脂質分解代謝，使動脈壁上的脂質物質增加，加重動脈硬化的程度，從而使病情惡化。所以，患了高血壓、動脈硬化，尤其是老年冠心病的患者，最好不要採用人參進補。

忌 老年生活「三禁忌」

(1) **不要空腹跑步**。空腹跑步不僅增加心臟和肝臟負擔，而且極易引發心律不齊，導致猝死。五十歲以上的中老年人，利用機體內游離脂肪的能力比年輕人差，因此發生意外的可能性更大。

(2) **不要猛烈轉頭**。轉頭雖可運動頸部肌肉，緩解頸椎病所致的肩背肌肉僵硬、痲木，但老年人轉頭過快，有可能使頸動脈受壓扭曲導致急性腦缺血，發生昏厥。所以做轉頭運動時，不宜過快，持續時間不宜過長，動作幅度不宜過大，而且最好有人陪伴。

(3) **不要使用蹲便**。老人最好用坐便，因為老人血管調節反應差，長時間蹲便後若突然站立，血壓驟升可導致腦溢血；心肌耗氧量增加可誘發心絞痛、心肌梗塞和心律失常。

忌 老人忌長期吃粥

老年人患牙病多，牙齒缺損者常見，有的老人因咀嚼功能不好而長年吃粥，也有少數講究藥膳的人用吃藥粥作為對疾病的輔助治療。據觀察，長期吃粥的老年人一般比較消瘦，原因是老年人的胃動力較差，如果吃的粥量過多，難以很快排空，會感到胃部不適；而以同樣體積的粥和米飯相比，粥所含的米粒少得多，如果長期吃粥，得到的總熱量和營養物質不夠人體的生理需要，難免入不敷出。

所以，吃粥和吃藥粥雖是養生一法，但不是人人皆宜，除非是身體很虛弱，或是治病需要。老年人患牙病應積極治療，應鑲牙補牙。飯不妨燒得爛些，也可吃麵條，長期吃粥並不適宜。

宜 老年人睡覺時宜選哪種睡姿

睡眠的姿勢，不外乎仰臥位、右側臥位、左側臥位和俯臥位四種體位。

仰臥位時，肢體與床鋪的接觸面積最大，因而不容易疲勞，且有利於肢體和大腦的血液循環。但有些老年人，特別是比較肥胖的老年人，在仰臥位時易出現打鼾。而重度打鼾是指出現大聲的鼾聲和鼻息聲，不僅會影響別人休息，而且會影響肺內氣體的交換而出現低氧血症。

右側臥位時，由於胃的出口在下方，故有助於胃中內容物的排出，但右側臥位會使右側肢體受到壓迫，影響血液回流而出現酸痛麻木等不適。

左側臥位，不僅會使睡眠時左側肢體受到壓迫、胃排空減慢，而且使心臟在胸腔內所受的壓力最大，不利於心臟的輸血。

而俯臥位會影響呼吸，並影響臉部皮膚血液循環，使面部皮膚容易老化。

因此，老年人不宜睡左側臥位和俯臥位，最好睡仰臥位和右側臥位。而易打鼾的老年人和有胃炎、消化不良和胃下垂的老年人最好選擇右側臥位。

宜 夏季老年人宜清補

夏季，老年人進補，稀粥是一種很好的食品。它既可補充體內的水分，又可養胃、護胃。在炎熱的夏季裏，如果加牛奶、豆漿、大棗、白扁豆、百合、木耳、黑芝麻、核桃仁、枸杞、薏米、雞鴨肉或者綠豆、玉米粉等煮成大米粥食用，則會成為老年人夏令時節的高級補品。

夏季，老年人宜多吃一些水果，既可以補充營養，又可以補充身體因大量出汗而失去的水分。

老年人夏季進食肉類，應以燉湯為主。在燉湯時，還可以適量添加一些花生、黃豆、海帶、蓮藕、蘿蔔等同燉，以滿足老年人對各種營養的需要。

宜 夏季老年人宜防肩病

每當酷熱難當的夏天，有的老人為圖一時的涼快，喜歡赤膊光背，甚至經常臨風而臥，久而久之，便會出現肩部發木、表皮發麻的症狀。中醫認為，這是暑熱、風寒侵襲的結果。因此，夏季老年人宜注意護肩，防止肩病的發生。

專家們指出，夏季護肩是一個值得長期注意的問題，必須持之以恆，僅因為有一次受涼，便可罹患肩周炎。

夏季老年人護肩的方法：一是不管天氣多熱，只能用濕毛巾把汗擦乾，而不可將其長時間披在肩頭；二是不可圖涼快，臨風而臥，長時間讓肩頭暴露在風口；三是在睡覺時堅持做到用浴巾或毛巾被把肩頭蓋好；四是最好穿帶護肩的汗衫之類的上衣。做到以上幾點，就可避免寒涼對肩部的侵害，使肩部的皮膚始終處在溫暖舒適的狀態中。

宜 秋季老年人便秘宜食療

秋季氣候比較乾燥，許多老年人由於體質虛弱，常患便秘。現介紹幾種食療方：

(1) **氣虛便秘**。排便無力，便後疲乏，汗出氣短。治宜益氣潤腸。

食療方：芪竹兔肉煲。黃耆三十克、玉竹三十克、兔肉五百克，加適量水及調味品，煲熟後服食。

(2) **血虛便秘**。便結難解，面色蒼白，唇舌色淡，頭暈心悸。治宜養血潤腸。

食療方：銀耳燉冰糖。銀耳十克、大棗十五枚、冰糖適量。將銀耳洗淨泡發，放在院中，加入冰糖、大棗，隔水燉一小時即可。

(3) **陽虛便秘**。大便乾結，腰瘦肢冷，喜溫畏寒，小便清長。治宜溫陽潤腸。

食療方：百合蜂蜜飲。百合五十克，蜂蜜、白糖適量。百合加水煮爛，與白糖、蜂蜜調勻服用。

宜 冬季老年人宜防哪些隱性疾病

(1) **隱性肺癌**。隱性肺癌是指在痰或支氣管分泌物中查到癌細胞，但胸部X線透視、照片均無異常，亦無淋巴結或遠處轉移的早期肺癌。這是因為肺癌病變太小，多數為原位癌或微小浸潤癌。另外，由於癌灶多為中心性，容易被肺門陰影所遮蓋，不易引起梗阻，也無繼發炎症或肺不張等改變。

(2) **隱性膽結石**。多發生於四十歲以上的中年肥胖婦女；平時飲食習慣以碳水化合物為主，血中甘油三酯偏高，常伴有動脈硬化或糖尿病。是由結石在膽囊內長期刺激黏膜而引起的慢性炎症，可引發膽道梗阻、感染，少數病人會發生膽囊癌。

(3) **隱性潰瘍病**。老年人對疼痛的敏感性較差，這是患有潰瘍病而不感疼痛的原因之一。老年人胃酸分泌偏低，對潰瘍面刺激性輕，也不易感到明顯疼痛，當患有其他疾病時，會將胃痛症狀掩蓋，因而沒有節律性腹痛。

(4) **隱性冠心病**。約有百分之三十的冠心病人沒有症狀，只有在做心電圖檢查時，才會發現心臟異常變化。這是由於冠狀動脈硬化發生早、病程長，冠狀動脈閉塞、硬化變形，即使病變存在，自己也全然不知。

(5) **隱性腎炎**。大部分起病隱匿，病程漫長，臨床症狀少。其主要表現只有尿的異常，而且多數是在診斷其他疾病或體格檢查時，偶然發現有尿的異常，然後才確診的。這種腎炎可在二十至三十年內處於穩定狀態，保持較好的腎功能，但在感染、過度勞累、藥物損傷後，病情可突然加重，就此遷延不癒。

宜 老人宜吃新鮮玉米

夏季快來了，新鮮玉米上市了，以那特有的香氣吸引了許多路人的目光。老人們常吃些新鮮玉米對健康很有益處。

首先，鮮玉米中含有大量的維生素E。維生素E有促進細胞分裂、延遲細胞變老、降低血清膽固醇、防止皮膚病變的功能，能推遲人體老化，減輕動脈硬化和腦功能衰退的症狀。

玉米中同時含有許多維生素A，它對防治老年人常見的乾眼症、氣管炎、皮膚乾燥及神經麻痹等都有輔助療效。

新鮮玉米中富含賴氨酸。賴氨酸不僅是人體必需的營養成分，而且能控制腦腫瘤的生長，對治療癌症有一定作用。研究發現，多吃些鮮玉米可抑制抗癌藥物對人體產生的副作用。

另外，鮮玉米中的纖維素既多又長，經常吃一些玉米，能使大便通暢，防治便秘和痔瘡，還能減少胃腸病的發生，同時，對防治直腸癌、消除動脈中的膽固醇也有益處。

宜 春季小兒宜補鈣

春季是小兒生長的關鍵時期，這個時期小兒的生長速度比其他季節都要明顯。如果食物中鈣和磷的含量不足，或者缺乏日光照射，不能及時補充維生素D等會導致鈣、磷吸收不良，就會發生佝僂病。如不及時治療，還可影響到神經、肌肉、造血等組織器官的功能，造成免疫力低下，更易患肺炎、腹瀉等疾病。

中醫認為，佝僂病皆因虛使然，病程短者以脾虛為主，常兼心血不足，病程長者以肝腎虧虛為多。治療亦分兩型：

(1)**心脾不足型**。其主要表現為：虛胖或消瘦、易倦、易出汗、易驚、睡眠差、肌肉鬆軟、頭顱骨軟、囟門大、髮稀枕禿、納呆、大便不調、舌質淡、苔薄白、指紋淡紅。治療以補脾益氣、養心補神為主。可選成藥龍牡壯骨沖劑服用。

(2)**肝腎虧虛型**。其主要表現為：消瘦、面色無華，坐、立、行走等遲緩。可見方顱、雞胸龜背、腹大、下肢彎曲等，舌質淡、苔少、指紋淡。治宜補益肝腎，生精壯骨。可用河車大造丸加減。

宜 盛夏幼兒保健宜補鈣

現代醫學研究認為，鈣是人體不可缺少的重要元素，它是構成骨骼和牙齒的主要成分，還參與凝血過程；鈣能維持神經肌肉的興奮性和傳遞資訊，並保持人體滲透壓的相對恆定。

人體特別是嬰幼兒缺鈣會發生佝僂病、手足抽搐症等疾病，會嚴重影響孩子健康。

盛夏正是孩子補鈣的最好季節。因為夏天氣溫高，陽光充足，紫外線強，幼兒皮膚經紫外線照射後，很快將皮膚中的7-脫氫膽固醇轉變成維生素D，使體內維生素D倍增，有利於鈣的吸收。

家長們宜多讓小兒到戶外活動，時間長了，其運動量也隨之增大，體內血液循環加速，骨髓、牙髓的供血充足，有利於鈣的吸收和利用。

宜 夏季小兒暑熱宜食療

(1) 宜用**三鮮飲**。鮮荷葉、鮮竹葉、鮮薄荷各三十克，加水適量，熬煮濃湯，取湯拌蜂蜜，代茶飲。具有生津止渴，清熱解暑的功效。

(2) 宜用**綠豆棗湯**。綠豆二百五十克、紅棗十五克，加水適量，熬煎濃湯，煎好後加入糖少許，溫服。綠豆甘涼，具有清膽養胃、解暑止渴的功效。紅棗健脾益氣，兩者合用，適用於發熱而微汗者。

(3) 宜用**六味鮮汁飲**。將西瓜汁、番茄汁、梨汁、鮮藕汁、甘蔗汁、荸薺汁六汁混合當茶飲。適用於口渴、心煩、食欲不振及小便赤黃等症。

(4) 宜用**荷葉冬瓜湯**。嫩荷葉一張（切碎）、鮮冬瓜五百克（切片），加水一千毫升，熬煮濃湯，湯成後去荷葉，加入食鹽少許服用。適於治療夏季低熱、口渴、心煩等病症，療效較佳。

(5) 宜用**八寶清暑粥**。桂圓肉十克、蓮子肉十克、花生十克、麥冬十克、芡實十克、綠豆十克、蜜棗十個（去核）、糯米五十克，加水適量，熬煮成粥，待涼後食用。具有醒脾健胃，清熱祛暑的功效。

宜 秋季小兒宜防肺炎

天氣由熱轉涼的秋季，小兒最容易患肺炎。所以，醫生提醒家長們，秋季小兒宜防肺炎。

小兒肺炎開始像感冒，一直發燒在三十九度以上，有的說胡話或抽風。有人說，小兒肺炎是高熱燒出來的。其實，應該說，高熱是肺炎的主要症狀之一。

現代醫學研究認為，發燒、咳嗽、氣喘是小兒肺炎的三大症狀。常見的是細菌性肺炎，起病快、病情重、併發症多、死亡率高；病毒性肺炎的特點是發病較慢，症狀較輕，但病程較長；支原體肺炎的潛伏期長，起病緩慢，病程也長。

小兒肺炎一般發病較急，常先出現發燒、咳嗽、食欲不振、哭鬧煩躁等症狀；接著出現氣喘、鼻翼扇動、面色蒼白或口唇發紫等症狀。新生兒則表現為吸吮力差、嗆奶、口吐泡沫、不哭，體溫往往不高，呼吸又快又淺，皮膚青紫色。孩子年齡越小，體質越差，病情就越重。病情嚴重者可出現心力衰竭，如呼吸困難、煩躁不安、面色蒼白或青紫加重。有的還可出現驚厥。小兒肺炎會伴有胸凹陷，這是重度肺炎的唯一體征，應引起家長的足夠重視。

孩子一旦得上肺炎，要注意熱退後至少還要用藥二至三天，以達到徹底治癒的目的，防止轉變為慢性肺炎；還要積極配合醫生，做好病兒的護理工作。

在由盛夏轉秋涼的時節，家長要根據氣溫、室溫及時給孩子調整衣被，不能著涼，也不能捂著，使孩子安全舒適地度過夏秋轉季。

宜 秋季兒童宜防腹瀉

秋季，是幼兒易患腹瀉的季節，尤其是一周歲以內的嬰兒，極易感染發病。所以，秋季兒童宜防腹瀉，家長應重視預防和治療工作。

秋瀉主要是因感染輪狀病毒而傳播的。據研究，在患兒的糞便中，含有大量輪狀病毒顆粒。這些病毒顆粒通過水源、食物，在胃腸中滋生發病，可造成局部流行。另外，照管人員雙手不潔，污染奶具、玩具、用具等造成的感染也很常見。幼兒一旦發病，常有腹瀉、腹痛、嘔吐、發熱等急性症狀，每天腹瀉可在十次以上，糞便呈蛋花湯狀，而且量多。患兒多數有脫水現象，易出現中毒、血壓下降等現象。如不及時治療，嚴重的可危及生命。

預防和治療幼兒的秋瀉：一是**加強飲食、飲水衛生管理**，患兒的奶具、玩具、用具等要保持清潔，定期消毒。二是如果患兒的體溫高，可**採用物理方法降溫**，不必使用退熱藥和抗菌素。三是**多次少量地給患兒餵些清淡的流質食物**，如果有嘔吐症狀，應暫停餵食，使胃腸充分休息。四是**及時足量補充水分和鹽分**。如果反覆嘔吐，應及時將患兒送醫院打點滴治療。

忌 兒童忌多吃桑葚

桑葚又叫桑果、桑葚子，是桑樹上長出的一種紫色的小果子。桑葚味甜，略酸，備受兒童喜愛。但是桑葚含有一種胰蛋白酶抑制物，對於腸胃功能未健全的兒童來說，吃了它容易在體內產生抑制消化道內各種消化酶的活性、阻礙蛋白質消化吸收的不良作用，並可引起噁心、嘔吐、腹痛、腹瀉等病症。所以，兒童忌多吃桑葚。

忌 兒童忌長期使用藥物牙膏

兒童患牙疾的比例很高，有些父母愛子心切，便長期給孩子使用藥物牙膏。但長期使用消炎護齒類牙膏，不僅會使口腔中的致病菌產生抗藥性，而且在殺滅一些病菌的同時，也會殺滅口腔中的正常細菌，這不僅會給疾病治療帶來困難，還會出現新的感染。

另外，許多藥物牙膏中含有生物鹼和刺激性強的物質，長期使用不僅損害口腔內的嬌嫩黏膜，還會因長期不斷的較強刺激，使牙齦、口腔、舌頭、口唇、咽喉等處發炎。有些藥物牙膏中所含的染色素，還會使牙齒失去光澤。因此，對兒童來說，要少用或不用藥物牙膏。

忌 孩子忌喝過多運動飲料

很多孩子都喜歡喝運動飲料，但運動飲料的成分一般適合於運動員等體力消耗量大的特定人群，在強烈運動、大量流汗後飲用。孩子的運動量非常有限，所以沒必要喝運動飲料。而且現在大部分運動飲料中都富含電解質，以補充人體出汗後缺失的鹽分和鈣、鋅等微量元素，孩子身體發育還不完全，若是過早、過量地補充電解質，就會加重身體的自我調節負荷，可能會損傷腎功能。此外，其降血脂功能對於孩子也有一定的副作用。而且，由於各種飲料都含有糖、蛋白質、香精、色素等，其中糖分可以抑制攝食中樞，產生飽足感，必然會影響孩子對食物的攝入、消化和吸收，造成營養不良。

忌 新生兒忌用哪些藥物

(1) 四環素族藥物。因該類藥較易沉積於骨組織，阻礙骨骼發育，服用數月可使牙齒變黃。

(2) 維生素K_4、K_3，磺胺類藥物，新生黴素，三乙醯竹桃黴素，伯氨喹啉等易引起新生兒黃疸。

(3) 氯黴素可抑制骨髓，併發灰嬰綜合症。

(4) 卡那、慶大黴素療程不要超過十天，以免聽神經及腎功能受損。

(5) 鏈黴素對聽神經有影響，且對腎臟不利。

(6) 嗎啡、杜冷丁、可待因對敏感者易引起中毒，應慎用。

忌 忌給半歲前嬰兒餵蛋白

半歲前的嬰兒由於消化系統發育還不完善，腸壁的通透性較高，這時不宜吃蛋白。蛋白中的蛋白分子較小，有時能通過腸壁直接進入嬰兒血液中，使嬰兒機體對異體蛋白分子產生過敏反應，導致濕疹、蕁麻疹等疾病。因此，半歲前的嬰兒不能餵蛋清，應只吃蛋黃。

另外，鮮雞蛋如果存放時間過久，品質會發生變化，產生貼皮蛋、散黃蛋、黴蛋，這樣的蛋如果給嬰幼兒吃的話，很容易引起嬰幼兒患病。

二、日常運動宜忌

生命在於運動。然而，並非是所有運動都適合所有的人，如果運動不當，也會給自己的身體帶來不利的影響，因為在日常運動方面也有著很多的宜與忌。

宜 運動宜與性格結合

不同性格的人喜歡不同的運動，宜選擇對自身性格塑造有益的運動。緊張型性格的人可以選足球、籃球、排球等比較激烈的項目，這樣可以讓其在激烈場合中鍛煉，以後遇事就不會驚慌失措，可以改掉容易緊張的毛病；膽怯型的人應多參加游泳、單雙槓、跳馬等高難度的運動，這些項目對不斷克服膽怯心理很有幫助，經常鍛煉，膽子自然也就變大了；急躁型性格的人宜選擇下象棋、打太極拳這類修身養性的項目，這些項目有助於調整情緒、平和心態、調節神經功能以及增強自我控制力，能幫急性子養成冷靜沉著的習慣。

宜 晨練者宜注意晚餐

平時我們都說：早餐好，中餐飽，晚餐少。晚餐少是種健康的飲食習慣，但對於堅持晨練的人來說，晚餐太少對身體卻是不利的。因為晨練前沒有營養補充，如果頭天晚餐吃得太少，不足以滿足晨練的運動需要，就很容易出現低血糖等症狀。因為早晨起床後，消化系統和整個身體功能都還處於惰性狀態，這時進食會使人感到不適，所以在前一天晚餐時就要吃得豐盛一些，以為次日的晨練儲存和提供必需的能量。當然適量最好不要過量，否則會影響到睡眠，而且最好選擇一些易於消化的食物。

宜 清晨練功宜先排便

生活中聽人說，晨起練氣功最好不要解大小便，否則就會「洩氣」，練不到所謂的「真功夫」。其實，這是種荒謬的說法。從科學的角度看，反而是要先排便比較適宜。因為經過一夜的消化吸收，食物的養料已經被人體吸收了，剩下的殘渣就成了糞便。身體內多餘的水分，再加上新陳代謝中的廢料，由血液通過腎臟過濾形成尿液。這時的大小便都只是作為廢料等待排出而已，如果讓其憋在體內，就等於讓廢物堆積在體內，對身體並無益處。而且人在憋尿時，全身神經處於高度緊張狀態，胃腸功能和交感神經會發生暫時性紊亂，血壓明顯增高。

憋尿過程中，尿液儲存在膀胱中不能外排，不僅影響到動作的靈活，增加運動的負擔，而且也容易因意外撞擊而使膀胱受傷。而且有大便而故意置之不理，長此下去，直腸膨脹也引不起便意，就很可能形成便秘，再下去就會誘發痔瘡。而且這種影響對女性特別大，因為直腸內糞便的過度堆積能把子宮頸向前推移，而子宮體根據槓桿原理即向後傾，這樣就很容易引起月經不調、痛經甚至子宮位置不正。

忌 冬季早晨運動後忌吃過燙食物

冬季清晨空氣過於寒冷，加上機體尚未走出夜間睡眠所出現的低體溫、低基礎代謝狀態，這時如果運動前準備活動不充分，清晨的寒冷空氣就會對鼻腔、氣管和毗鄰的咽、食道起暫時降溫作用，使機體出現「冷適應」。如果運動後立即進食滾燙的稀飯、餛飩或其他過燙食物，就容易發生吐血、便血等症狀。因為處於冷適應狀態下的食道黏膜層及其附近組織內的毛細血管和稍大一些的血管，一下無法承受這些過燙食物帶來的熱刺激，而出現暫時性調節功能紊亂，使部分血液穿透血管壁和毛細血管壁進入食道和胃，就出現了吐血或便血等症狀。所以冬季晨練後要注意避免馬上吃過燙食物。

宜 宜經常跳繩

跳繩是一種很簡單的運動，但它帶來的健身效果卻是多方面的。首先，經常跳繩可以促進人的心肺功能，增大肺活量，鍛煉心肌。其次，跳繩因為手在不停運動，還可以鍛煉大腦。跳繩時手握繩頭不斷地轉動繩子，可以刺激拇指的穴位，隨之對腦垂體發生作用，增加腦細胞的活動力，提高人的思維力和想像力。再次，跳繩是項全身都參加的運動，能加強身體各部位的協調能力。

宜 久坐辦公室宜做操休息

久坐辦公桌不動會帶來很多毛病，很多人因此出現小肚腩、大象腿和肥臀等現象。久坐辦公室的女性可以利用工作間隙做些運動來改善這種狀況。

(1) 平坐在椅子上，腰背伸直，腳尖著地，頸肌放鬆，輕輕下垂到四十五度。然後彎腰，直到手能接觸到腳尖為止。腹部儘量緊貼大腿。如此重複數次可有效防止肚腩。

(2) 坐在椅子上腳尖著地，右手按右耳。儘量將身子向左彎直到左手指可以觸及地面，然後再反方向做。做時注意身體不要前傾。這能有效減少腹部和臀部脂肪堆積。

忌 忌下棋成癖

娛樂要適當就好，而不能癡迷。有不少人下棋成癖，過分看重輸贏，贏了就高興不已，輸了就煩躁抑鬱，這種大喜大悲的心態極不利於健康，容易引發高血壓等心腦血管疾病。要知道下棋只是種休閒娛樂活動，勝敗乃兵家常事，不要過分計較輸贏，不要給心理造成太大壓力。同時，因為下棋需要動腦，所以時間不宜過長，以免用腦過度或太疲勞，下了一段時間後要停下來歇歇或做一些簡單的身體運動，以緩解緊張的神經。

宜 宜經常跳舞

跳舞是項老少皆宜的健身運動。青年人經常跳舞，有助於肌肉、骨骼的生長；中年人可用跳舞來豐富業餘生活，改善身體狀況，也可適當調節中樞神經，活動肌肉和關節，消耗掉體內多餘的脂肪；老年人經常跳舞，不但能增加生活情趣，還有利於促進大腦皮質的活動，防止老年癡呆症的發生，同時也可以消耗過剩的脂肪。所以經常跳舞是有益於身心健康的。

宜 改善視力宜打乒乓球

打乒乓球是項最好的預防近視和改善視力的運動。因為在打乒乓球的過程中，人的眼球隨著乒乓球不停地遠、近、上、下、左、右地運動，使睫狀肌處於不斷放鬆和收縮的狀態中，這樣能增強睫狀肌的收縮功能，使視力得到明顯恢復。同時隨著睫狀肌的收縮和放鬆，眼外肌也在不停地收縮或放鬆，這樣就大大促進了眼球組織的血液供應和營養代謝，因而能有效地改善眼球各組織的功能，達到恢復視力的作用。

忌 忌長時間打麻將

麻將是一種大眾的休閒活動，但有不少人將其作為一種賭博工具，長期沉溺其中，這是應該禁止的。即使只是純粹的玩，長時間打麻將對健康也是一點好處都沒有的。麻將經過很多人的手摸來摸去很不衛生，很容易傳染上痢疾、肝炎、傷寒等疾病；而長時間坐著打麻將，長久保持一種姿勢會使腰背肌肉、上肢肌肉過度疲勞，引起全身酸痛、骨質增生、關節炎和靜脈曲張、腿腳浮腫等；而且打麻將期間，人會長期處於精神緊張狀態，神經系統的功能容易失去平衡，引起血壓升高。無論從哪方面來說，長時間打麻將都是有百害無一益的。

宜 休閒時宜養魚

因為魚有很大的觀賞價值，而養魚不但可以美化家居環境，同時也是一種很好的休閒享受。金魚是種嬌貴的動物，需要悉心照料。在養魚過程中，人需要不斷學習養魚的相關知識，要根據魚的品種和習性給其以舒適的環境和悉心照料，通過這些活動，可以培養人的愛心，也能達到陶冶情操、娛情悅性的目的，漂亮的魚群在魚缸中游來游去能給居室增加活力和情趣。

忌 運動後忌身裹濕衣

人在運動時都容易出汗，運動後會感覺疲憊或是興奮點還沒有完全消退，不願意將身上汗濕的衣服及時脫下換掉。其實這個習慣是不健康的，因為潮濕的衣服易引發身體的各種疾病。特別是那種讓汗濕的衣服在身體上自然烘乾的做法，更易引起呼吸道和消化道的許多疾病。這樣做就違背了運動鍛煉身體的初衷了。

宜 宜快速行走

人每天都在走路，其實這也是一種運動方式。走路是懶人的最佳運動方式，經常快速行走更是有益於人體：一可以延緩衰老。有調查表明，每天快走四小時以上能起到延緩衰老的作用，女性從中受益更大，快速行走使女性過早死亡的現象減少百分之二十七；二是可以減肥。走路會消耗能量，而且走得越快，能量消耗得越多，這樣自然能達到減肥的效果；三是在很大程度上減少了患心血管疾病的危險，還能預防糖尿病和骨質疏鬆等症狀。而且這個很容易做到，只需每天加快你行走的步伐就能達到運動的目的，何樂而不為呢？

宜 宜光腳行走

光腳走路也是種運動的方法，因為人的腳底有很多穴位。中醫學一直認為，人體所有的臟器在腳底都有相應的穴位，而人的五臟六腑在腳趾上都有相應的循環路線，如果經常刺激這些穴位自然可以達到強身健體的目的，所以現在足療或者足部穴位按摩風靡一時。那麼，最簡單的光腳走路也能達到同樣的效果，因為光腳走路時，路面會對足部各穴位產生刺激，隨之產生的信號被傳到大腦皮質，能促進各內臟器官功能的強化。

忌 高度近視忌劇烈運動

眼睛近視在六百度以上的高度近視者，是不宜進行劇烈體育運動的。因為近視的度數越高，眼底的改變就越明顯，越容易發生視網膜脫落。劇烈的運動會直接導致視網膜脫落，這樣的機率能達到百分之五。視網膜一旦脫落，就像照相機沒了底片一樣，物體將無法在眼底成像，從而引起嚴重的視力下降，甚至導致失明。所以高度近視患者應該避免進行劇烈的運動。

忌 忌運動後馬上休息

有人習慣運動累了就直接躺下來休息，其實這樣做是不利於身體健康的。因為運動時，人的心臟加速跳動，大量的血液流到肌肉組織中，肌肉有節律地跳動，通過擠壓靜脈血管使血液回流到心臟，以提供心臟和大腦的用血。如果運動後馬上就休息，肌肉有節律的擠壓就會停止，導致血液不能很快地回流到心臟，導致心臟和大腦缺血，容易引起頭暈、心慌等症狀，嚴重的還有可能休克，所以劇烈運動之後不宜馬上停下來，要逐漸減少運動量，直到最後停下來休息。

忌 運動忌「從一而終」

運動要全方位地，如果經常只進行一種運動或不斷重復習慣性動作，這樣不利於人體各種功能的平衡。這樣做的最直接後果，就是導致經常得到運動的部位長期處於緊張狀態，負荷過重而形成勞損，而與此運動無關的部位卻得不到充分運動或根本就得不到運動，從而使這些部位的血液循環、神經脈衝經常處於沉寂狀態，肌肉和骨骼慢慢失去豐潤和堅強。所以運動不要「從一而終」，宜多樣化全方面地運動。

宜 釣魚時宜保護眼睛

釣魚時因為眼睛長時間盯著水面，容易產生視覺疲勞或被水面上強烈的反射光所傷害，在垂釣時一定要注意對眼睛的保護，避免受陽光直射；強日曬天氣要戴上大簷帽避光，或戴墨鏡或有色眼鏡遮光；不要長時間盯著魚漂，可以每隔一段時間就遠眺幾分鐘，或閉目休息一會兒，讓眼睛得到暫時的休息；喜歡釣魚的人，平時還應注意多補充些維生素C和維生素A等對眼睛有好處的維生素。

宜 垂釣時宜防風濕病和蚯蚓病

釣魚是項很有益的休閒活動，但若不注意也容易引發各種疾病。因為垂釣時需要長時間坐在湖邊、河邊、池塘邊的陰涼地裏不動，通常這些地方都有很大的潮氣，對人體有害。長期垂釣的人，尤其是老年人的右手關節都明顯地變大或變形，就與這個有很大關係。喜歡釣魚的人一定要注意保暖、防濕，否則很容易得風濕病。

蚯蚓是釣魚最好的魚餌，但若是人被固定蚯蚓的魚鉤扎傷就容易感染蚯蚓病。蚯蚓是雌雄同體，繁殖時其卵產生於卵繭內，當人沾染到這種蚯蚓卵時，卵繭就會在人體內成長為蚯蚓，並長期寄生在腸道內，引起腹痛、腹瀉、消化不良等症狀。因此垂釣者要十分注意手的衛生，與蚯蚓接觸後一定要仔細清洗，必要時還要消毒。

宜 老年入睡前宜散步

「飯後百步走，活到九十九」，這句俗語其實有一定的道理。老年人在睡覺前多進行諸如散步這類有氧運動是有利於健康的。首先，根據人體的生物鐘節律，黃昏或睡前運動比清晨或其他時間運動更有益；其次，在散步過程中，肌體血流量加快，微循環血容量增多，可以起到降低高血壓、調節大腦皮質的功能，促進胰島素的分泌，能有效防止老年性疾病的發生。但不要在飯後立即運動，宜在晚餐後休息一小時再去散步。

宜 兒童運動宜有規則

首先要培養兒童嚴格的作息時間，讓孩子按時睡覺、起床，按時運動，不分寒暑；家長要和孩子一起進行鍛煉，給孩子鼓勵，也給孩子保護；要根據孩子的身體情況和年齡特點，安排合適的運動項目和運動強度，兒童運動的時間不宜過長，強度不宜過大，可以將遊戲和運動結合起來；要給孩子配專門的運動服裝和運動器械，要積極支持孩子參加體育鍛煉。

忌 游泳的注意事項

游泳能起到很好的健身、塑身效果，因此深受大家喜愛，但游泳因為容易發生危險，也有很多注意事項。

首先**不要空腹游泳**，因為游泳需要消耗大量的能量，若體內的能源供應不足，大腦的血糖就不足，容易引起頭暈眼花、四肢無力、面色蒼白甚至暈倒；還有就是**剛吃飽飯後也不要游泳**，因為這時候血液等主要流向消化吸收器官，如果進行游泳這樣的運動會讓血液轉而流向四肢等體表血管，對胃腸器官的支援減少，自然會影響到消化功能；另外要注意的一點是要**控制游泳的時間**，不宜時間過長，而且最好每游半小時休息一會兒再繼續，避免體力不支，影響健康或發生意外。

宜 冬泳宜注意當時的身體狀況

冬泳是項很有益的健身運動，但因為對游泳者體質的要求較高，所以並不適合每一個人。如要進行冬泳，一定要充分考慮到自身的身體狀況。有人為了取暖，冬泳前後會喝點酒，其實這樣是很危險的，因為要是入水前喝酒，在酒精刺激下，游泳者在游泳過程中可能會出現昏迷；而出水後喝酒又會刺激到心臟，擾亂血液循環。

冬泳前的準備活動一定要比平時游泳前更充分，因為水太寒冷對身體的刺激增大。入水時不要過猛，要漸漸入水，讓皮膚慢慢地適應水溫，否則身體突然受到猛烈的刺激很容易發生意外。冬泳最好的進行時間是在早晨或下午，飽飯後或睡覺前最好不要冬泳。

宜 騎車運動宜有防護措施

騎自行車漸漸成為一種健身手段，但在騎車運動時要注意各方面的安全防護。騎自行車時，人的運動量加大，心肺功能也增強，如果在污染嚴重的市區馬路上進行騎車運動的話，各種汽車廢氣和塵土等大氣污染物就會隨著血液循環快速地傳遍全身，進而對全身內臟器官造成毒害。

騎車時因為容易發生意外事故，所以裝備一定要齊全，要戴好頭盔，否則沒有頭盔的保護，人從車上摔下時很容易發生腦震盪，其他護具如護膝、護踝、護肘和護腕等也應配備，它們可以有效地防止身體各關節在行車中發生扭傷或擦傷。只有安全地運動才能真正達到運動的效果。

宜 爬樓梯運動時宜防止損傷

不少人把爬樓梯當做一項健身，方便簡易。但在爬梯過程中一定要注意安全，特別是有骨質疏鬆症的中老年人和過於肥胖的人，因為在爬樓梯時對膝關節的壓力會增大，所以要慢慢適應，不要一開始就給膝關節太大的壓力。可開始時先慢行，適應後再逐漸加快速度或延長時間；而對於膝蓋有陳舊性損傷的人最好不要進行爬樓梯的運動，即使要做，也要掌握正確的方法之後再進行，下樓時讓前腳掌先著地，以減少膝關節的壓力，然後再過渡到全腳掌著地。跟游泳類似，爬樓梯時最好先做些準備活動，使膝關節得到充分活動後再進行。

三、四季健身宜忌

健身也有時令性，如果你非要做一些不合時令的健身運動，比如，你非要在秋天去放風箏，夏天去做耐力運動，這樣就是不講究科學合理地健身，不僅起不到健身的效果，反而會影響你的身體健康。只有在不同的季節做著適宜的健身活動才能收到良好的健身效果。

宜 春季運動三宜三防

(1) **戶外運動，宜防風寒感冒**。這是因為：春季，人體新陳代謝變快，需氧量大增，人體出現春困等不適症狀。走出戶外活動身體，有利於加快氣血循環，促進身體健康。但是，春天氣候多變，須注意保暖，運動中不要出太多的汗，以防涼濕之氣侵入體內，誘發感冒。

(2) **循序漸進，宜防運動失當**。這是因為：經過漫長的冬季，人體器官功能水準低，骨骼和韌帶僵硬。如果運動強度或運動量超過人體所能耐受的界限，會使身體產生過度反應，進而引起不必要的損傷，造成人體免疫力的下降。但是，運動強度和運動量，絕不是越小越好，身體達不到一定的「負荷」，也起不到運動的作用。因此，一是既要強化循序漸進的意識，又要防止運動失當。二是不同的個體，可以根據自己的健康狀況，決定運動時間和強度。三是在適宜的強度下，應堅持運動三十分鐘。

(3) **因人而異，宜防隨波逐流**。這是因為：個體有差別，不同的運動項目，對人體產生的作用各不相同，要結合自己的健康狀況和運動目的選擇項目。比如，老年人或體弱的人，可以多選擇改善內臟功能和下肢關節功能、運動強度不大的運動，如散步、健步走、健身跑、太極拳等。而對年輕人，尤其是青少年來說，應選擇有利於身體素質全面發展的運動項目，如各種跑、跳、投等運動。

宜 春天孩子宜多做戶外活動

世界衛生組織一個研究小組對世界各國青少年生長發育統計材料表明，青少年的生長速度，在一年四季中並不相同，春季長得最快，尤其是五月份，平均達到七點三毫米，長得最慢的是十月份，平均只有三點三毫米。

這是因為人體在春季新陳代謝旺盛，血液循環加快，呼吸消化功能加強，內分泌激素分泌增多，尤其是生長激素分泌增多，有利於長高。同時，春天又是一個戶外活動的最佳季節，接受陽光照射多，陽光中的紫外線能刺激骨髓，使紅細胞增多，能使皮下組織中的7-脫氫膽固醇轉化為維生素D，能促進鈣的吸收，提高骨骼對鈣的攝取和利用，有利於骨骼的生長發育。更重要的是，在陽光下進行跑跳等活動，能對骨骼進行良性的機械刺激，使其增殖能力得到加強，骨骼的生長速度加快，有助於長高。

青少年在有利於長高的春天裏，要注意保證充足的睡眠，多做戶外活動，多接受陽光，多運動，營養要均衡，不可偏食，以滿足身體生長發育的需要。

宜 夏季健身宜水中慢跑

夏季，健身宜水中慢跑。自由自在地水中慢跑，成千上萬的人到大海和游泳池裏慢跑，已成為當今美國最新的一項健美運動。

夏季，做水中慢跑運動，身體垂直懸浮於水中，鼻孔比水面稍高一些，四肢如水輪般猛烈划動，像在水中撲騰的鴨子。對許多未受過正規運動訓練和年紀較大的人來說，這是一項理想的運動。這是因為：在水中慢跑，能平均分配身體負載。水中慢跑比陸地跑有明顯的優點。在陸地，每跑一千六百米，運動者的雙腳就得撞擊地面一千次左右，其腳部、膝部和臀部都受到震盪。所以，常常使肌肉扭傷或韌帶拉傷。在深水中，下部受到的震盪為零，因而不會出現上述事故。水的阻力是空氣阻力的十二倍，在水中跑四十五分鐘，相當於在陸地上跑兩小時。因此，在水中慢跑是一項更有效的健身方法。

水中慢跑對肥胖者尤其適宜。由於水的密度和傳熱性比空氣大，因此在運動時間相等的情況下，水中慢跑消耗的能量比陸地上多。這些能量的供應，主要靠消耗體內的糖和脂肪來補充，通過此法可以逐漸去掉體內過多的脂肪。所以，水中慢跑又是一種減肥的有效方法。

專家指出，夏季進行水中慢跑要循序漸進，不要一開始運動量就過大。一個人在水中慢跑五分鐘後，心跳速度不應超過每分鐘一百至一百三十次，並以休息和運動交替進行為宜。

宜 夏季健身宜適可而止

到了夏天後，燥熱的天氣致使人們本身的消耗大大增加，所以如果在健身時不能把握好運動量，就容易致使人體的血糖偏低、抵抗力下降，嚴重的還會導致昏厥。

夏季的運動量應適當減少，並且儘量不要在陽光下進行戶外運動。三十分鐘的運動時間為最佳，而有意減肥的人們，可以將運動時間延長到四十分鐘左右。此外，雖然選擇在夏季減肥的效果會比較明顯，但如果一味地追求減肥效果，而不注意在飲食與運動項目上的選擇及做好合理的健身計畫，則可能會對身體健康有負面影響。

夏季運動一定要注意對身體消耗的水分進行及時的補充，所以在運動前的半個小時，至少要喝兩杯水。如果戶外運動超過半個小時，一定要帶瓶水，最好是能夠補充鹽分的生理鹽水或淡鹽水，但一定要注意飲水不可過量。運動期間還應注意，在運動以前先吃些主食或水果，以補充體內熱量。運動後多吃些雞蛋、魚、瘦肉等食物來補充蛋白質。

夏季，許多運動項目不太適宜進行，而游泳則是夏季最好的健身項目。同時，健身操、瑜伽以及機械鍛煉等都是不錯的室內運動健身項目。在早晚日照不是很強的時候，一些適量的有氧運動如跑步、散步、網球、騎自行車等對健康也是很有益的。

宜 夏季健身宜謹防中暑

夏季天氣酷熱難當，人們的體內繼續了大量的熱量，出汗就比較多。在環境溫度超過三十度以上時，人體出汗活動明顯增加，因此，夏天展開體育健身活動應注意預防中暑的發生。

出汗是一種正常的生理活動，但由於大量出汗可以丟失大量水分和鈉、鉀、鈣等離子，因此，大量出汗而不及時補充相應的液體，可以引起血液濃縮和離子平衡失調，此時人體的運動能力明顯下降，肌肉無力，全身酸軟，頭昏，嚴重時可以出現噁心嘔吐，甚至昏迷等症狀，對於心血管系統存在慢性病理變化的患者，後果更為嚴重。

夏天的體育健身活動可以選擇清晨或太陽即將下山時的傍晚進行，不能在陽光直射環境中進行健身活動。在濕度較大的環境裏，汗液不容易蒸發，散熱比較困難，出汗量增加，如果進行體育健身活動更容易發生中暑。夏天健身強度適當降低，持續時間適當控制，或者進行間歇性健身活動，不可一次運動持續很長時間。

健身活動過程中注意選用適當的飲料。由於汗液中含有各種離子，不能只喝白開水。可以自己配製運動飲料，一千毫升開水中加入六克食鹽，二十克到四十克葡萄糖（糖尿病患者可以少加或不加糖）。綠豆湯、南瓜湯也有很好的防暑解渴的作用。

運動過程中的飲水也有講究，要少量多次，不要一次喝很多水，也不要等到口渴了才喝水。飲料的溫度要適宜，不宜太低，運動後禁忌立刻喝冰水或吃冷飲。運動膳食中適當增加深色綠葉菜，多喝些菜湯。

宜 秋季宜練健美操

健美操，四季可做。但是，專家指出，在瑟瑟秋風中，堅持練操，更有助於提高因秋涼而衰退的人體機能活動，加速血液循環，在秋風秋雨中不會失去平衡，保持精神狀態的輕鬆愉快。下面向您推薦一套宜於秋季運動的健美操。

(1) **向前彎腰轉體**。兩腳分開站立，與肩同寬，腳掌平行。向前九十度彎腰，雙臂自然下垂（頭和背部在同一條線上）。上身向右、左轉，同時兩臂隨身體轉動用力擺動，肌肉完全放鬆。頭隨雙臂所擺動的方向轉動，雙腿不要彎曲。轉體時，腳跟不離地面。向左、右兩側轉體六次。還原，均勻呼吸。

(2) **側臥彎腰**。左側臥倒，左臂彎曲，撐地，右手在身前臂部處支撐地面，右腿放在左腿上，兩腿伸直。慢慢數數，數「一」時兩腳併攏繃直，並儘量向上抬起。為了使兩腿能抬得高些，兩手可用力支撐地面，特別是右手。數「二」時，將雙腿慢慢放下。這個動作做四到六次。然後轉向另一側，即右側，也同樣做四至六次。抬起雙腿時吸氣，放下雙腿時呼氣。

(3) **拉弓**。兩腳站立，自然分開，與肩同寬，慢慢數數，數「一」時，兩臂向前平舉，同肩高，兩手握拳。數「二」、「三」、「四」時，做模仿拉弓弦的動作。右臂不動，左臂慢慢彎曲（兩臂始終同胸部在一條水平線上），左手指順右臂向後滑動，經過胸廓。再從左肩儘量向後用力伸直，上身也急速向左轉動。數「五」時，向右彎腰，這時左臂伸直向上，右臂向下。眼睛始終注視左手。數「六」時，直體。數「七」時，左臂回到前方，身體完全站直。數「八」時，兩臂放下。然後，換另一側重複上述動作。兩腳站立不動，兩腿伸直。拉弓時吸氣，手臂伸到後方時呼氣。

(4) **轉體**。背對桌子站立，兩腳分開，與肩同寬，兩臂自然下垂。慢慢數數，數「一」時，上身猛向右轉，使臉朝桌子，並用兩手抓住桌沿。數「二」時還原，數「三」時向左轉，數「四」時還原，均勻呼吸。兩側各重複四到六次。

(5) **跪地轉體**。左膝跪地，兩手扶在右膝蓋上（右手在上）。慢慢數數，數「一」時，上身向右轉，右臂向後擺，儘量使右手手指觸到左腳跟。頭隨右手轉動，看著左腳扭。左手推一下膝蓋以加大上身後轉的幅度。數「二」時，上身挺直，右手放到左手上。重複轉體四到六次。然後換腿，向另一側，即左側轉體，要求與上述動作相同。

(6) **兩腳分開**。自然站立，與肩同寬，腳掌平行。慢慢數數，數「一」時，兩臂左右平舉。數「二」時，身體重心移至左腳，左腿用力彎曲（右腿伸直），向右後方彎腰，用右手去摸左腳跟。雙臂姿勢不變。數「三」時，身體站直。數「四」時，兩臂放下，兩臂、兩腿的肌肉放鬆，然後換左側做同樣動作。彎腰時吸氣，直體時呼氣。兩側各重複四到六次。

(7) **兩腿交叉**。仰臥，兩臂彎曲，手掌撐地，慢慢數數。數「一」時，略抬起左腿，橫過右腿。沿水準方向向右伸直。左腿高高抬起。右腿用力伸直，原地不動。數「二」時，左腿按原路返回。數「三」時，挪動右腿。數「四」時，右腿放到左腿旁邊。每條腿重複六到八次。擺動腿時吸氣，腿還原時呼氣。

宜 冬季健身四宜

熱身活動要充分。氣候寒冷，人體各器官系統保護性收縮，肌肉、肌腱和韌帶的彈力和伸展性降低，肌肉的黏滯性增強，關節活動範圍減小，再加上空氣濕度較小，所以使人感到乾渴煩躁，感到身體發僵，不易舒展。如果不做熱身活動就運動，往往會造成肌肉拉傷、關節扭傷。所以在冬季進行健身運動時，尤其是在室外，首先要做好充分的熱身活動，通過慢跑、徒手操和輕器械的少量練習，使身體發熱微微出汗後，再投身到健身運動中。

衣著厚薄要適宜。冬季進行健身運動，開始要多穿些衣物，穿著衣物要輕軟，不能過緊，熱身後，就要脫去一些厚衣服。運動後，如果出汗多應當把汗及時擦乾，換去出汗的運動服裝、鞋襪，同時穿衣戴帽，防止熱量散失。另外，在室外進行健身運動更要注意保暖，運動完後身體發熱較多，總想涼快一下，但切不可站在風大的地方吹風，而應儘快回到室內，擦乾汗水，換上乾淨衣服。俗話說：「寒從腳下生」，由於人的雙腳遠離心臟，血液供應較少，加上腳的皮下脂肪薄，保暖性差。所以冬季在室外進行健身活動特別容易感到腳冷。若頭、背、腳受冷，冷空氣從皮毛和口鼻侵入肌體，不但影響健身鍛煉效果，還會感冒生病。平時有些健身愛好者喜歡穿健身鞋過冬，這樣不好。因為膠底鞋導熱快，不運動時腳掌容易受寒，以至引發凍瘡、關節炎等疾病。

環境要舒適。冬季人們習慣把健身房的窗子關得緊緊的。殊不知，人在安靜狀態下每小時呼出的二氧化碳有二十多升。若十多人同時進行運動，一小時就是二百升以上。再加上汗水的分解產物，消化道排除的不良氣體等，致使室內空氣受到嚴重污染。人在這樣的環境中會出現頭昏、疲勞、噁心、食欲不振等現象，運動效果自然不佳。因此，在室內進行運動時，一定要保持室內空氣流通、新鮮。另外，冬季也不宜在煤煙瀰漫、空氣渾濁的庭院裏進行健身鍛煉。同時要注意，氣候條件太差的天氣，如大風沙，下大雪或過冷天氣，暫時不要到室外運動。若想到室外運動，應注意選擇向陽，避風的地方。

運動方法要合適。由於冬季寒冷，身體的脂肪含量較其他季節有所增長，體重和體圍相應增加，這雖然對瘦人增重長胖有益處，但肌肉輪廓、線條和力度的發展不夠理想。因此，冬季健身要提高運動的強度和力度，增加動作的組數和次數，同時增加有氧運動的內容，相應延長運動時間，用以改善機能，發展專項素質，消耗體脂，防止脂肪過多堆積。另外，注意運動間隙要適當短一些，尤其在室外應避免長時間站立於冷空氣中。如果間隙時間過長，體溫下降，易使肌肉從興奮狀態疲憊下來，黏滯性增大，這樣不但影響運動效果，而且再進行下組練習時容易受傷。

宜 冬季養生宜堅持耐寒運動

人體必須保持恆定的體溫，才能維持生命。體溫的恆定，它是在中樞神經系統的統一指揮下，自動調解完成的。冬天，經常從事室外體育活動，可以改善腦力勞動者大腦的營養狀態，對提高大腦的工作效力，頗有裨益。反之，如果不加強耐寒運動，氣候一冷，就把衣服穿得厚厚的，身體內部自動調節體溫的功能，得不到應有的鍛煉，使功能降低，體內的熱量不容易散發，使汗孔長期處於開放狀態，如果遇上風寒，容易著涼感冒。因此，冬季養生宜加強耐寒鍛煉。

忌 春季運動五忌

(1) **忌外出運動過早**。春天的早晨，室外氣溫比較低，有時還有濃濃的霧氣，居室內還有取暖的設施，溫度偏高，這就導致了室內外溫差較大。有些人，特別是老年人到室外運動如果過早，會使身體驟然受冷，容易患傷風感冒，導致哮喘病、慢性支氣管炎等病情加重。所以，老年人外出運動忌過早。

(2) **忌運動過急**。有些人，特別是老年人早晨起床後，渾身肌肉都比較鬆弛，關節韌帶也比較僵硬，四肢功能還很不協調。如果急於進行某些活動，很容易發生韌帶或肌肉拉傷等意外傷害。因此，老年人在開始運動之前，應該做一些準備活動，扭動扭動一下腰肢，以提高運動的興奮性。所以，忌運動過急。

(3) **忌脫衣運動**。早晨，參加室外活動，選擇避風向陽、溫暖清淨、空氣新鮮的曠野、公園、廣場等場所。運動出汗後，減小運動量或放慢運動速度，忌脫衣求涼快，防止因寒氣侵襲而受涼致病。

(4) **忌劇烈的體育活動**。一些疾病患者，特別是老年人體質較弱，適應力也低。在日常生活中，參加體育鍛煉要量力而行，注意循序漸進，選擇散步、氣功、太極拳等比較舒緩的活動，如果進行劇烈的體育活動，很容易誘發心、肺等疾病。所以，忌劇烈的體育活動。

(5) **忌練腿功**。人到老年，一方面整個骨質變得疏鬆脆弱而無彈性，承受能力降低；另一方面肌肉、韌帶也都趨於硬化，肌纖維縮短，韌帶鬆弛變長，不能再像年輕人一樣，動不動就抬腿踢腳，稍有不慎，可能出現摔倒、骨折等意外。所以，老年人忌練腿功。

忌 暑天運動有哪些禁忌

(1) **運動後忌立即洗冷水澡**。夏季運動，全身的新陳代謝十分旺盛，體內的熱量也大大增加，皮膚中的毛細血管大量擴張。如果運動後，立即沖冷水澡，一方面皮膚受到過冷的刺激，促使毛細血管突然收縮，不利於體熱散發，反而使人感到更熱；另一方面突然遇到冷刺激，會使體表已張開的汗孔驟然關閉，容易使人生病。

(2) **運動後忌大量喝水**。夏季運動後，各個器官、系統進行了緊張的工作，出汗較多，使人感到口乾舌燥，如果大量喝水，會對身體產生不利影響。這是因為在運動後，大量喝水，會給消化系統、血液循環系統，尤其是給心臟增加很多負擔；另一方面，大量喝水後，出汗也會更多，鹽分也會進一步喪失，從而導致抽筋、痙攣等現象。

(3) **運動後忌大量吃冷飲**。經過劇烈的運動，會引起體內血液重新分配，大量的血液流向運動著的肌肉和體表，消化器官處於相對的缺血狀態。由於冰凍飲料溫度過低，對缺血的胃腸形成強烈的刺激，大量吃冷飲，易損傷其生理功能。

(4) **忌在強烈的陽光照射下運動**。這是因為：夏季，陽光強烈，長時間受到陽光照射的人體，紫外線將會透過毛髮、皮膚、骨縫而輻射到腦膜和腦細胞中去，使大腦發生病變，導致類似中暑的症狀。因此，夏季進行體育鍛煉，最好安排在清晨和下午四點後，運動時間忌太長，運動量也忌過大。

忌 冬季晨練五忌

(1) **忌不做準備運動**。這是因為：冬季氣溫低，有些人，特別是老年人，四肢末端的血液循環變慢，韌帶的彈性、伸展性和關節的靈活性較低，如果不做準備運動，容易引起運動中的傷害事故。

(2) **忌迎風呼吸**。這是因為：冬季氣候寒冷，在運動過程中，人體吸入大量的冷空氣，對呼吸、消化等器官產生不良刺激，會誘發和加重呼吸和消化等器官方面的疾病。

(3) **忌動作猛、硬**。這是因為：冬季氣候寒冷，在運動過程中，運動猛、硬，易引起高血壓、動脈硬化、頸椎骨質增生等疾病症狀。

(4) **忌戴口罩運動**。冬季氣候寒冷，有些人，特別是老年人因怕冷、為防感冒而戴口罩運動，甚至戴口罩長跑，這是很不科學的做法。這是因為：口罩把鼻子擋住，不利於運動時通氣量增加的需要，阻礙呼吸的順利進行，影響氧氣的吸入，使人產生憋氣、胸悶、心跳加快等不適感。

(5) **忌晨練後馬上吃過燙食物**。這是因為：冬季氣候寒冷，在運動結束後，馬上吃過燙食物，容易發生吐血、便血等病症。

第四章 居家居室宜忌

第四章 居家居室宜忌

一、居室裝飾宜忌

居室的裝飾裝修可以說是一項繁冗複雜的工程，又是一項藝術。其中涉及到美觀、實用、安全等多方面的細節問題。既要符合現代人崇尚自然，講究生活品味的心理，又要方便、簡潔，卻不失溫馨。因此，佈置居室的學問就顯得深奧多了。

宜 在雨季裝修宜小心刷漆

在裝修時，由於很多傢俱和外飾都是木製的，因此在刷清漆或刷硝基漆時，儘量不要在下雨天進行。因為在雨天時，木製品的表面會凝聚一層水汽，如果在這個時候刷漆的話，表面的水汽就會包裹在漆膜裏，使木製品的表面渾濁不清。如果用的是硝基漆，就會出現色澤不均；如果用的是油漆，則會出現泛白。

假如時間緊迫，要在下雨天刷漆的話，事先可以在漆料中加入一定量的滑石粉。因為滑石粉可以吸收空氣中的潮氣，而且還能夠加快油漆的乾燥速度，不過，這樣做還是會產生一些品質問題的。因此，盡可能的不要在雨天刷漆，以免影響到油刷後效果和品質。

宜 傢俱宜擺放合理

(1) **應當注意各傢俱之間的高低次序**：一般情況下，寫字桌的桌面應低於肘部。這樣可以方便身體的活動。吊櫃的頂部與地面的距離一般不要超過兩米，而藝術櫃假如有兩層的話，第一層以平視能夠看到裏面放置的東西為最理想的高度，第二層則以將手舉高可以拿到東西為最好。

(2) **沙發作為最常見的傢俱**，不宜長期擺放在窗邊。因為強烈的陽光，可以將沙發表面的色素曬褪，直接影響到沙發的皮質和光澤。因此，無論沙發採用的是哪種材料，都不能將其長期的擺放在窗戶旁邊，尤其是朝向西面的房間，更應避免。

(3) **音響、影視等器材在擺放時，不宜靠近窗戶**：一是由於電視機的螢光幕在受到光線的照射時，會產生很大的反光效果，讓人們在觀賞電視節目的時候，使得眼睛不舒服。二是當這些音響、影視器材靠近窗戶擺放時，就有可能沾染上許多塵埃；尤其是在雨天時，雨水還可能會濺到器材之上，極易發生漏電等現象。

宜 防止木材「脫水」適宜

一般情況下，當空氣的溫度和濕度發生較大的變化時，有些木製品就會出現開裂、變形等問題。這些問題一般都是和木製品的含水量有關。

其實，所有的木製品都含有一定的水分，不過有些人誤認為木材是越乾燥的越好，這其實只是一個誤區。木材的含水量只有在正常的範圍內保持穩定，才能保證在裝修的時候不會出現品質問題。一般家庭中使用的木質材料，含水量在百分之十左右為最好。含水量過高或過低，在家裝的時候都會造成一些品質問題。

因此，在家裝的過程中，對於木材的含水量，有以下幾點應該注意：

(1) 在施工的過程中，要注意細節

在家庭裝修的過程中，裝修品質的關鍵還是在於施工，尤其是對細節處理上。

1. 要將進行裝修用的所有木材放置幾天。你在把裝修用的木材買回家後，最好在裝修現場放置幾天再使用。這樣做的目的，是讓木材的含水量接近新居的水準。

2. 對所有安裝使用的木製品，要馬上塗刷一遍油漆。這層被稱為「罩面漆」的油漆，不僅可以保護木製品，而且還能起到隔絕水分，保持木材正常含水量的作用。

3. 在黏結劑中，絕對不能夠摻水。有些工人為了偷工減料，在白乳膠中兌水。這樣做不僅降低了黏結劑的強度，而且木製品吸收了水分後，很容易出現品質問題。

(2) 在對材料進行選購時要小心

當你在購買裝修所用的木材時，僅憑一般的手摸、眼觀等方法，無法確定木材的含水量。如果只憑外觀檢查，木材的含水量沒人可以斷定到底有多高。不過，還是有些小竅門，可以幫助大家準確定位木材的含水量的。一般較乾燥的木材其特徵明顯，重量也是明顯的輕，給人的手感不是很涼，對其進行敲打時聲音較脆，推刨時刨花會發熱，刨面光滑。而含水量高的木料，就會顯得較重一些，給人的手感有點冰涼，推刨時聲音不夠脆，甚至還能刨出水來，對於這種木材是堅決不能用的。

(3) 可以多使用一些人造板材

人造板材與實木材料相比，由於人造板材的紋理性特徵所致，它們的性能要比實木板材穩定得多。實木材料都具有一定的紋理，當空氣的溫度、濕度變化較大的時候，必然會出現開裂、翹曲和變形的現象。而人造板則是將木材分解成木片或木漿，再重新製作的板材，打破了木材原有的物理結構。因此，在空氣的溫度、濕度變化較大的時候，人造板的「形變」要比實木小許多。

宜 木質地板宜保養

鋪了木地板，用過一段時間之後會發現表面有些發暗了，打蠟是一種常規的保養方式，可如何打蠟許多人還真不知道。不論是給新的未上過蠟的，還是給舊的開裂的地板打蠟，首先都應將它清洗乾淨，完全乾燥後開始操作。

(1)假如你想得到閃亮的效果，那麼，在你每打一遍蠟的時候，都要用軟布輕擦抛光。

(2)選用聚酯胺地板蠟時要用乾淨的刷子刷三到四遍，同時還要特別注意地板間的接縫。

(3)在每打一遍蠟之後，要等到乾燥之後，要用非常細的砂紙對其表面進行打磨，待擦乾淨之後，然後再打第二遍。

(4)每次都要選用不帶絨毛的布或打蠟器摩擦地板，這樣可以使蠟油充分的滲入到木頭裏。

宜 居室環境裝飾適宜

如果家裏的環境非常優美，不但可以增進家庭成員間的身心健康，還能起到延年益壽的作用。但若是家庭裏的環境較差，就會損害到家庭成員的健康，甚至還能引起多種疾病。但是，要如何做才能使自己的家庭環境更加優美呢？

根據一些實踐和經驗，優美的家庭環境，做到以下四點為最宜，即：

(1) **擺放應整齊**。整齊是現代家庭環境優美的一項重要內容。

(2) **擺設應協調**。室內的種種擺設，包括窗簾、桌布、燈罩、床單、被褥等物品，在式樣、顏色和擺法上，做到有一個總體的合理安排和佈置，讓人看上去有一種舒服的感覺。

(3) **應保持潔淨**。潔淨是現代家庭環境優美的前提和基礎，沒有潔淨，就談不上環境優美。一方面要求全家每個人養成愛清潔、勤清潔的良好習慣；另一方面要堅持做到「兩勤」：一是勤打掃居室衛生；二是勤洗衣物。

(4) **宜講究整體的藝術效果**。在整個家庭佈局的過程中，藝術上的講究，會讓人有一種美的感受。一是可以在居室內、客廳裏，可以擺放一些誘人的盆景和芳香四逸的花卉，再點綴一些小巧玲瓏的工藝品；而是可以掛上主人的青春留影，或全家福照片，或友人贈送的條幅字畫等，這樣也會增添家庭幸福生活的情趣。

宜 居室宜劃分功能區

在對自己的家居進行裝飾規劃前，宜先按功能劃分出幾個區域，通常包括客廳、廚房、餐廳、衛浴間、臥室、書房、玄關和陽臺等。

(1) 客廳。客廳是家人的主要活動場所，一般面積最大，它有娛樂、會客、休閒的多種功能，並聯繫著餐廳、廚房、衛浴間、臥室、書房和陽臺等其他居室，客廳的佈置最能體現個人特點、裝修風格、層次、文化品味、修養和生活情趣。

(2) 廚房。它的設計最講究實用和使用方便。

(3) 餐廳。現在很多家居設計並沒有專門的餐廳，只不過是廚房門外的自然延伸部分或是客廳外間的某個區域拿來當作餐廳，這樣的公共區內也是十分方便的。注意餐桌不宜對著衛浴間的門，如果戶型是衛浴間朝著餐桌的，應該在裝修時加以改造，在餐桌旁的牆上，掛一些與飲食有關的靜物畫也很能促進食欲。

(4) 衛浴間。居室中應該考慮設立雙衛，因為這樣在人多時方便大家起居。

(5) 主臥室。主臥室是居室中面積較大的房間。主臥主要有睡眠、貯藏、梳妝、閱讀等功能。佈置當然應以床為中心，睡眠區的位置應相對比較安靜。

(6) 兒童臥室。相對於主臥要小一些。因為是兒童休息、睡眠的地方，所以在設計時應著重考慮一下安全的問題。

(7) 書房。並非所有家庭都有條件設置書房，書房中應以寫字臺或辦公桌為中心，配以辦公用品如電話、電腦、傳真和紙筆。

(8) 玄關。進門的位置叫做玄關。玄關是出入門戶的過渡空間，有領銜之用。一要阻隔室內外，保證家內的隱蔽性；二要使室內之氣不致外泄。

(9) 陽臺。陽臺最初的設計原意應該是在相對封閉的室內空間裏打開一扇通向外界的窗子，使人更接近自然，使屋內外景觀更好地融和在一起。陽臺的功能有很多，可以由居住者自己決定，可以養花、養鳥或者只是用來晾曬衣物等。

宜 新房宜「五美」

(1) **傢俱陳設宜得當**。傢俱可以說是居室之內最主要的物品。因此，在選擇時，要以經久耐用、經濟實惠、美觀大方為原則。除了桌、椅、床、櫃等必須用的傢俱外，其他傢俱應儘量減少，做到少而精。在佈置傢俱方面，應該疏密有致，高低錯落，橫線條和豎線條要合理搭配，體積大、小要錯開。

(2) **色彩搭配宜和諧**。做為新人即將入住的新房，在佈置時要顯得喜慶、熱烈，給人以安寧、和諧、親切和喜慶的感覺。因此，首先應從實際出發，做到因人而異、因房而異，科學巧妙地選擇好色彩之間的搭配。

(3) **裝飾要典雅**。在新房中，適當用一些小擺設等裝飾點綴一下，對活躍新房的氣氛、豐富色彩、平衡佈局、增添新房景觀、陶冶性情、增進身心健康，具有特殊的效果。

(4) **整體氣氛宜喜慶**。佈置新房時，氣氛是很重要的，可以多用一些色彩鮮明、豔麗的物品。比如紅色的剪紙、插花、對聯等，這樣看上去不僅顯得熱烈興奮，還能使人感到喜氣洋洋的。同時，燈具對調節新房的氣氛，也能夠起到很重要的作用。

(5) **追求創新個性**。近年來，人們的生活水準和文化修養都得到了大幅的提高，個人的品味也得到了很大的提升，因此，在佈置新房時，可以根據自己的條件和愛好，自行設計一些符合自己的年齡、職業、文化修養、價值觀念等的裝飾方案。這樣不僅可以把對生活的熱愛與個性、愛好表現出來，還能創造一個不落俗套的居室環境。

宜 老人房間裝飾適宜

由於老年人的生理特點和生活習慣等明顯地不同於年輕人，因此，在對老年人的居室進行裝飾佈置時，最應注意老年的安全和色調間搭配的和諧。這樣可以更好的符合老年人的生理特點、活動規律以及他們所固有的生活習慣等。

(1) 傢俱、床單、窗簾和桌布可以應用相對的色調。這樣做主要是因為老年人的眼睛變花，使用淺色的傢俱，尤其是玻璃或是鏡面玻璃的傢俱，稍有不慎就會碰傷或劃傷老人。

(2) 色調應選用偏暖一點的。如淺黃、淺橘黃或白色的牆面和頂棚。應當儘量避免採用帶有刺激性的對比色調，或者儘量將自然界的花草引入室內，可以在桌子上擺一兩件小東西，或者是在牆壁上掛些字畫，這樣可以增加居室內的生機，陶冶老人的情操，增添人生的情趣。

此外，在老年人居室中，傢俱的高度也要適宜，宜方便老人取放，可以避免不必要的意外發生。在老年人的居室內，設施也要簡單一些，避免在室內造成堆積和堵塞，以便於他們活動，還可利於通風和採光。

宜 對病人居室宜改善

居住環境的好壞，會在很大程度上影響到人體的健康。尤其是綜合了居室的溫度、濕度、光照、通風等因素，會對人體的生理產生巨大的影響。同時，也會影響到病人的康復進度。因此，大家在現有條件下，只要做到以下幾點，就可起到改善居室環境，利於生活和健康。

(1) **平時多注意室內的環境衛生狀況**。因為良好的衛生習慣，可以減少生病的機率。患者生活在衛生狀況不好的環境中，可以加重病情。有冠心病的人，生活在室內有蚊蟲孳生、蟑螂爬行的環境中，可以誘發哮喘等過敏性疾病，加重心臟病。另外，在蚊、蠅亂飛的居室裏生活，容易招致消化系統感染，如急性胃腸炎、痢疾等。所有這些生活環境，可能加重原有疾病，導致嚴重的後果。

(2) **要根據不同的病人而隨時改變居室的環境**。神經衰弱患者的居室，應選擇中性環境，且避開噪音源，保持安靜；骨質疏鬆的老年人，應選擇陽光充足的居室；冠心病患者，居室的溫度、濕度尤其重要，溫差太大，濕度較高或悶熱的環境，極易導致心絞痛、心肌梗死等病發生。

(3) **多在室內養花、養魚，這樣以調節室內的濕度，增添室內的生機**。由於患有呼吸道疾病的患者，對空氣的濕度非常敏感，他們在乾燥的環境中，極易導致病情的加重。因此，對患有呼吸道疾病患者的家庭，可以在室內通過熏醋或噴灑過氧乙酸的方法，進行室內殺菌消毒，以減少傳染，將會更有利於疾病的痊癒。

綜上，如果家裏有病人的話，病人和家庭其他成員應當掌握這方面的知識，護理好患者，儘量創造出舒適的環境，以便更好的調理患者的病情，使其早日康復。

宜 孕婦居室宜講究

如果家裏有孕婦的話，平時也要注意居室的環境，好的環境利於孕婦及胎兒的健康和發育。在平時應注意以下幾點：

(1) **居室內宜保持適宜的溫度**。孕婦室內的溫度，最好保持在十八度左右。假如溫度太高，超過廿四度以上，就會使孕婦感到精神不振，頭昏腦脹，全身不適；而溫度太低，例如低於十五度時，就會使孕婦感到寒冷，全身兜緊，不舒服，活動不開，影響到孕婦的正常生活。

(2) **居室內宜保持適宜的濕度**。在日常生活中，人們往往注意溫度，而忽略濕度。濕度不當，也會影響人的健康。室內空氣的濕度最好保持在百分之三十至百分之四十。如果室內的相對濕度太低，會使人覺得口乾舌燥、喉痛、流鼻血等。

(3) **居室內宜保持良好的通風**。孕婦居室的通風要好，能夠方便空氣的交換，可以給孕婦帶來爽身的效果。在平時窗戶每天都要開一會兒，多換一換室內的空氣，將汙氣放出，引進來一些新鮮空氣，到了中午還可以開窗讓陽光照射進來。這樣可以利於消滅細菌，使孕婦吸進新鮮空氣，對母嬰健康都是極為有利的。

(4) **居室宜保持整潔**。對於孕婦的居室，在裝飾時不要求豪華漂亮和寬敞。但是，僅從保健的角度來看，只要做到整潔衛生就可以了。主要是牆面和床上、傢俱等方面，要做到擺設整齊。還有就是室內的地面要堅持每天清掃，這會給人帶來清潔、整齊、靜心的感覺，有利孕婦的身心愉快，能夠讓她們安心養胎。

宜 兒童房間裝飾適宜

現在隨著住房問題的大幅度解決，孩子也漸漸有了自己的居住空間，不再與自己的父母擠在同一間屋子裏了。因此，對於孩子房間的佈置，也有了許多講究，但主要還是根據他們的特點進行裝飾。

(1) 室內的色彩避免太素，尤其是織物的色彩可以強烈一些，小裝飾品的造型、色彩也要講究生動有趣。

(2)為了豐富兒童的想像力，房間裏還可以佈置富有遐想的內容。比如：自己動手做個紙蝴蝶，給座鐘裝上腳，給洋娃娃安上翅膀，使一些日常用品充滿美麗的幻想。

(3)在孩子的床上宜佈置在不直接對風的地方，在四周床欄上，可以懸掛一些色彩鮮豔、手感柔軟的玩具，當孩子大一些以後，可以貼一些童話故事的圖片或者兒童自己繪製的圖片。

(4)在兒童能活動的範圍內，避免設置燈頭、插銷及各種電器開關，一切容易引起燙傷或容易被損傷的物品，如暖水瓶、玻璃杯等，避免讓兒童接近。

忌 新建居室忌馬上搬入

雖然大家對居住環境的認識已經相當高了，但是還是有不少人認為，新房一旦建成就可以入住了，其實這種想法是錯誤的。在有些農村或其他偏遠的城市裏，有時房子甚至還沒有蓋好，就住了進去，只為圖個「房內有人」、「家業興旺」。其實，這種做法是相當不好的，對人體健康也極為不利。

不要小看了只由磚、水泥、白灰等最普通的材料建起來的房子，雖然沒有什麼現代化的裝修，但是牆壁用的塗料，以及門窗用的油漆和防止漏水用的瀝青等，都含有許多有害物質。這些無不需要一個散發的過程，如果急於搬進新房，這些有害物質就會通過呼吸和皮膚接觸進入體內，影響到人體的健康。在這種環境下生活，極易出現失眠、頭痛、關節痛、哮喘、皮膚搔癢等病症。

忌 居室裝修禁忌

搬進新房，每個人的心裏肯定都是興奮的，但是，新房還是需要裝修一下才能顯現出它的魅力的。因此，在裝修時應當禁忌以下幾種情況：

(1) **裝修應忌太過豪華**：花幾百萬進行裝潢，以此炫耀身價，實則不倫不類俗氣之至，破壞了家居需安靜舒雅的初衷。

(2) **裝修應忌將大傢俱放在小房內**：如在房內裝修了龐然大物式的傢俱，且把顏色漆得很深，一是破壞了房屋的整體造型；二是使房屋經重失衡；三是有礙視覺上的清新感。

(3) **裝修應忌陳設色彩凌亂、搭配不當**：同一房間色彩不宜過多，不同房間可分別置色，忌花裏胡哨紊亂無序。

(4) **裝修應忌吊頂過重過厚過繁，色彩太深，太過花哨**：公寓式樓房本來層高偏低，這樣會給人一種壓抑、充塞、窒息之感。過分「華貴」導致舞廳化傾向，使安謐靜怡的居室臃腫繁雜，失去了寧馨的靜態居室之美。而且，吊燈太重也很不安全。

(5) **裝修應忌地板亂用立體幾何圖案，以及色彩深淺不一的材料**：否則容易產生高低不平的視覺效果，極易產生瞬間意識的視覺偏差，致使老人、兒童摔跤。

(6) **裝修應忌用色淺的地磚**：顏色淺的地磚反光性比較好，這樣雖能補充室內採光，但是卻也在一定程度上造成「光污染」，影響人的視力，時間久長會使人頭昏、心煩、失眠、食欲下降、情緒低落、身體乏力等。所以，地磚顏色不能過淺，最好採用亞光磚；如果使用了拋光磚，平時家中儘量開小燈，還要避免燈光直射或通過反射影響到眼睛。

(7) **裝修應忌地板色澤與傢俱色澤不協調**：兩者均係大面積色塊，一定要相和諧，如色彩、深淺反差過大，會影響大效果。

忌 忌在居室內亂掛畫

畫是不能隨便亂掛的，在掛壁畫之前還應注意畫和牆的色調要協調。尤其是黑白色彩分明的畫，不宜掛在白色的牆壁上，因為強烈的刺激會讓人產生視覺上的疲勞。而淺色的畫比較適宜掛在顏色較淺的牆上，而深色的畫則宜掛在顏色較暗的牆壁上。雖然每幅畫的大小不同，但是畫的下方應取在同一水平線上，那樣才會顯得整齊好看，也能避免因參差不齊而造成的美觀破壞。如果沒有玻璃鑲嵌的油畫，還可以選擇垂直（或略斜）式的懸掛；帶有玻璃鏡框的，在懸掛時俯斜的角度要低一些，這樣可以避免玻璃的反光。

此外，除了上述問題外，還要注意以下幾點：

(1) 牆上的裝飾應與房間相協調，如客廳宜掛風景和名畫、書房宜掛書畫、餐廳宜掛靜物畫、臥室宜掛結婚照和孩子的照片等。

(2) 如果需要在牆上懸掛照片，應選用不小於四釐米的照片，小的照片太零亂。

(3) 牆上的裝飾切忌太多。只要房間顯得雅致一點，不會顯得俗不可耐就行。也不要隨波逐流，那樣會讓人覺得自己沒主見。其實，有時自己動手做一些裝飾物，也會收到一些意想不到的效果。

忌 居室內忌養花過多

在居室內養些花草，可以適當的調節室內的空氣品質。但到了夜晚，則恰恰相反，它們會吸收氧氣，進行有氧呼吸，放出二氧化碳，造成室內氧氣量減少，二氧化碳濃度增加。這就會對患有肺心病、高血壓、冠心病的患者不利，可引起他們的胸悶、憋氣等症狀，使病情加重或復發。因此，從身體的健康角度來說，忌在居室之內養花過多。

忌 居室裝飾禁忌

在對居室進行裝飾之前，要先對居室有所瞭解，可以事先規劃一下，但是有些禁忌還是應當注意的。

(1) **觀賞品忌多而雜**。古董、玩具等純觀賞品應該少而精，要寧缺毋濫。千萬不可珠光寶氣地攪亂了室內的生活氣息。

(2) **居室中忌鏡子太多**。在居室之中，鏡子是必需的用品，但也不可過多，否則滿屋虛幻成像的話，會令人感覺上有點兒心緒不寧。

(3) **裝飾櫃忌亂而雜**。裝飾櫃主要用來陳列瓷器、工藝品、玩具等裝飾藝術品，不可將化妝品以及日用器皿都堆放進去。

忌 居室燈光禁忌

室內的燈光可以直接應到裝飾的效果，因此，室內的燈光要設計得到位一些。

(1) **室內忌用強光燈**。燈光太強會刺傷人的眼睛，不合理的布光會使人產生壓抑的感覺。

(2) **綠色牆面忌用日光燈**。室內牆面是較明亮的綠色，就忌用日光燈。因為日光燈的光色

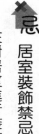

性是偏冷的，應採用一般燈泡，即用帶暖色性的光照來柔和室內環境。

(3) **落地燈忌過低**。當人們坐在沙發上時，落地燈燈罩的高度忌低於人們的視平線。

(4) **臥室忌用日光燈**。日光燈會破壞臥室情調。可用淺色偏暖的白熾燈，以增加室內溫柔、雅致、舒適的氣氛。

(5) **床頭燈忌太亮**。床頭燈不要太亮，也忌放在床頭櫃上，最好固定在床的兩側，並可自由調整其角度。

(6) **休息時忌用直射燈**。燈頭有直射和反射兩類。交談休息時忌用直射燈，閱讀學習時忌用反射燈。

忌 居室裝飾忌「多彩」

一般來講，家庭裝飾的目的就是為了溫馨舒適，重在實用舒適。所以，不論你的經濟基礎多麼雄厚，最好不要把花哨的裝飾品隨意堆砌在家裏，還以此炫耀身價，這是暴富者的心態。

(1) **傢俱的大小與房間的大小要比例協調**。如果把一個「身寬體胖」的大塊頭傢俱放進只有幾坪大小的房間，這會給人一種什麼感覺呢？這樣不但會破壞了整個房間的造型，使整個房間比例失調，而且也破壞了視覺上的清爽和明快。

(2) **裝飾品忌太過追求豪華氣派**。陳設的傢俱和牆體飾物、地面、吊頂色彩要搭配協調，且忌「萬紫千紅」。同一房間的色彩不要過多，而應根據房間的不同用途和功能，分別設計色調，千萬不可花裏胡哨、雜亂無序。

除此之外，不要在牆面上釘滿圖片、鏡框、手工藝品等各類飾物，也不要在沙發、茶几、飯桌、空調、電視機、臥櫃、書架等能放東西的地方都擺滿布藝、塑膠花等小東西。這樣做會影響整體的效果，讓人有種雜亂無序的感覺。

忌 忌經常更換傢俱

由於新傢俱在油漆好以後，其中主要的有害成分，例如甲醛等還未揮發完畢，如果經常更換新傢俱，就會長期吸入這些有毒氣體，將會導致慢性呼吸道疾病，影響到身體的健康。

因為新傢俱中還有毒害物質，如游離甲醛等，還有就是在製造傢俱的過程中，使用的一些膠、漆、塗料，也含有大量的苯及甲苯和二甲苯等，這些都會危害人體的健康。據有關調查顯示，居民在購買新傢俱後，因其散發的氣味而出現頭昏、噁心及呼吸道不適等病症，均為吸入毒氣的後果。所以，應忌經常更換新傢俱。

忌 選用地毯禁忌

室內裝修，在選用地毯時，應注意顏色的選擇。紅色或金黃色的地毯，能使房間顯得富麗堂皇；米色或駝色的地毯可給房間帶來淡雅、幽靜的氣氛。會客室不宜選擇色彩太亮，花紋圖案較小的地毯，否則會使人感覺小氣。臥室內不宜選花型大、色澤較暗的地毯，這樣會讓人覺得特別不舒服。

忌 選用窗簾禁忌

窗戶，可以說是整個房間對外的「門臉」，因此給這道「門臉」稍加裝飾一番，就顯得有些重要了。一般情況下，傢俱若是深棕色，窗簾的顏色就不宜配得太深。太深了會使人產生一種沉悶感。如果室內以清淡風格為主，那麼，窗簾就不應再選擇較淡雅的；若室內色調已很豐富，則窗簾的色彩不宜太豔麗。

還要注意，窗簾的顏色不宜比牆面淺。淡黃色的牆配飾淺棕色，淡藍色牆面配茶色，淡湖綠配中綠色窗簾就顯得比較協調、美觀，淺綠的牆面配白色窗簾比較雅致。

在選擇窗簾時，還可以根據房間的用途不同，選擇不同的窗簾。一般在客廳掛上深色窗簾，不僅莊重大方，而且能創造出溫暖柔和的氣氛；臥室總的講宜選色淡幽雅的窗簾，但不同年齡、不同興趣以及健康狀況不同的人的臥室，其窗簾顏色圖案也有許多禁忌。老年人不宜鮮麗、明豔的；易產生心情壓抑者，不宜太暗淡的顏色；兒童房不宜選掛圖案過分莊重、沉悶的；新婚洞房不能使用簡單素雅的，否則沒有喜慶的氣氛；患高血壓的人，不宜配大紅大綠的顏色，否則容易引起激動。

忌 臥室應忌的佈置

臥室是我們休息的地方，也是除了客廳之外個人最重要的隱私空間，因此臥室的設計也很重要。因此，有以下幾項，是需要大家注意的。

(1) 床鋪不宜擺在門的對面，盡可能避免開門見床。通常在門的正對面宜放置一些矮小的傢俱。

(2) 根據我國人體平均的高度，床鋪不宜安置得過高或過低，一般床面離地面不宜超過四十五釐米。

(3) 不要把兩件體積相似的傢俱並排放在一起，否則容易讓人產生單調、呆板、沉悶與不舒服之感。

(4) 高大的櫥櫃應避免靠近門窗處，否則會阻擋自然光的射入，或有礙人的活動。

(5) 一般來說，櫥櫃不宜擺在門的對面。帶有鏡子或玻璃的傢俱也不宜對著窗戶，以免強烈的反光。盡可能不要將帶有大面積鏡子的傢俱正對著床鋪。

臥室佈置得是否合理，還應根據臥室功能的需要做出選擇。再加以經濟條件和興趣愛好等實際情況綜合考慮，秀出自己的風格。

忌 忌將陽臺改作居室

現在住房，多以樓房居多。由於是樓房因此活動空間相對來說就狹小了許多，因此大多設計了一個陽臺，以供大家進行室外活動。但如果將陽臺封閉起來，陽臺便失去了它本來的使用功能。陽臺在封閉後就會雜亂無章，有礙觀瞻。如若改作居室，便會使陽臺負荷超過承受標準，容易造成危險。因此，陽臺忌封閉使用，更不可隨便改作居室。此外陽臺也不宜超載：無論哪一種陽臺，它的底板設計承載能力與廚房是相同的，如果堆放的東西超過了這個承載限度，就有可能會發生危險，導致一些事故發生。因此，陽臺應當禁忌超載或者將其改作居室。

忌 書房裝飾禁忌

書房是供大家業餘時間學習、工作的地方。因此，這對於環境的要求還是較高的。首先就是要清靜，其次就是光線要明亮，在此就是佈置要雅潔。因此，傢俱不宜講究豪華，應以簡潔、實用為好，一般由寫字檯、書櫥、椅子、沙發等傢俱組成即可，不必要放置一些太華美的東西，這樣會讓人心神不定，不利於讀書學習。

此外，寫字檯還不宜放在窗前或窗戶的左側，書櫥也不要離寫字檯太遠，而沙發也不能離書櫥太遠，因為我們在工作讀書疲勞後，可以在沙發上休息一下，有利於緩解自身的疲勞。而書籍等的擺放應以簡潔明快為主，不能亂扔亂放。晚間照明應選用白熾檯燈，不宜選用帶顏色的燈，以免對眼睛不利。

二、生活習慣宜忌

你睡前喜歡刷牙洗臉嗎？你習慣怎樣睡覺？這些都是生活習慣方面的問題。養成良好健康的生活習慣，是你健康生活的保證，壞的生活習慣不僅會危害你的身體健康，還會影響到你的事業與生活。

忌 忌醒後立即起床和進食

我們平常只說賴床是個壞毛病，但事實上，一醒來就立即起床也是一個不良的生活習慣，因為人在剛睡醒時心臟跳動比較慢，全身的供血量也較少，心腦血管處於相對收縮的狀態，如果一醒來就立即起床，會讓心腦血管在短時間內馬上擴張，大腦興奮性突然加強，這種突然快速的變化會讓身體覺得不適，甚至感到頭暈目眩，嚴重的還可能會出現腦出血。所以最好的習慣是醒來後在床上靜臥三至五分鐘後再起床，特別是老人及心腦血管疾病患者更是要小心。

此外，人在剛睡醒時，胃也剛睡醒，還處於半休眠狀態，至少需要半小時才能蘇醒，而這時唾液和胃液的分泌都很少、不充分，在這種情況下立即進食就容易導致消化不良。晨起後最好的習慣是先喝上一杯溫水，過半小時左右再吃早餐。

宜 飯後十五分鐘宜稍臥

飯後不宜立即睡覺，但過了十五分鐘後再稍臥是有利於健康的，因為飯後一段時間，人體全身的血液都在支持消化器官進行消化，吃下的食物先在胃裏消化後進入小腸，消化吸收的營養物質再隨著血液循環被運送到身體的各個內臟。在這個消化過程中，腦部的血液循環較緩，會讓人產生睏意。若在飯後的十五分鐘內就睡容易造成身體虛胖，但若在簡單的運動後稍臥，對消化和血液循環都是有益的。

忌 忌伏案午睡

現代人的生活、工作節奏都很快，很多人沒有時間午休，只是午飯後在自己的辦公桌上趴著小睡一會兒，這樣雖然在下午工作時頭腦會清醒點，可給身體埋下了其他健康隱患。趴在桌上午睡對視力的影響是最大的，有這個習慣的人都會發現，在伏案午睡後會出現暫時性的視力模糊。這是因為在趴著睡覺時，眼球受到壓迫，引起的角膜變形、弧度改變會造成暫時性視力模糊。可要是日日如此，久而久之，眼球長期受壓，會造成眼壓過高，視力肯定也會受到損害。

忌 忌睡前不洗臉

有人在外注意妝容，回家就不那麼注意了。早上起床出門前臉是必須洗的，因為怕影響到自己的儀容美觀。但是晚上睡覺前有人犯懶，覺得臉是可洗可不洗的。實際上，晚上睡前不洗臉對人的健康有極大的危害。因為白天在外忙碌了一天，臉上的灰塵、細菌會很多，要是不洗掉，晚上睡覺時蹭得到處都是，當然是不衛生的。而那些白天喜歡化妝的人要是在睡前不把臉上的化妝品洗掉，就很容易引起粉刺和針眼之類的炎症和皮膚病。而且晚上看了電視、面對電腦後，臉上還有它們留下的輻射殘留物，如果不洗掉就會影響到皮膚睡覺的美容效果。

忌 忌睡前洗頭髮

不少人要是前晚睡前洗過頭髮，在第二天起床後都會覺得頭有點疼。因為洗頭後，溫熱的水會使頭髮毛細血管擴張，機體向周圍輻射的熱量增多，而頭髮上水分蒸發時也要帶走很多熱量。這樣頭部散熱增多，呼吸道毛細血管反射性收縮，局部血流量減少，上呼吸道抵抗力降低，這時原先存在的病毒或細菌就會乘虛而入，引起上呼吸道感染、感冒等症狀。尤其頭髮未乾就睡覺，更易感冒，因為人在睡眠中體溫調節中樞的調節功能降低，很容易感冒。

宜在睡前兩小時洗澡

不少人喜歡在上床前洗澡，覺得這樣會睡得舒適。其實在睡前兩小時洗澡是最佳的，這有助於提高人體的睡眠品質，可讓人更快更深地入睡。因為據研究，人的體溫與睡眠的品質有很密切的關係，睡前使體溫上升零點五度至一度，睡眠最好，如果上升了兩度以上反而會使人興奮，不易入睡。因為洗澡時熱水會使體溫升高，從而推遲大腦釋放出「睡眠激素」來幫助入眠。所以如果睡前兩小時洗澡，當你睡覺時體溫剛好能降到睡眠的最佳溫度。如果養成了在上床前洗澡的習慣，也可以在浴後用濕毛巾冷敷額頭五分鐘，使體溫儘快恢復到正常水準，這樣也能幫你很好地入眠。

宜裸睡

近幾年有人提出一種促進睡眠品質的方式——裸睡。真正的裸睡是要身無一物，這樣人就會感到無拘無束，處於一種極度放鬆的狀態。裸睡有利於加強皮腺和汗腺的分泌，皮膚與外界能進行充分的氣體交換；神經極度放鬆也有利於增強人體的適應和免疫能力，還能消除腹部內臟神經系統的緊張狀態，促進血液循環；還能較大程度地減輕便秘、腹瀉以及腰痛、頭痛等症狀。裸睡對於常見的婦科腰痛及生理性月經痛等也有一定的緩解作用；對痔瘡、陰道炎、打呼等也有很好的輔助治療效果。但裸睡一定要注意保持睡具的衛生，要經常換洗床單被罩。

忌 睡覺時忌門窗關閉太嚴

有些人神經衰弱，睡覺時必須保持一點動靜都沒有，所以睡覺時總將門窗關得死死的，覺得這樣會有助於睡眠。冬天人們怕冷，往往也將門窗關得緊緊地睡覺，其實這個習慣是很不好的。睡覺時將門窗稍稍開一點縫隙，讓臥室保持有對流的新鮮空氣，這樣大腦皮層才能獲得充足的氧氣供應，才能提高睡眠的效果和品質。

忌 睡覺時忌麻質睡衣

不能單純地評價穿睡衣睡覺到底是好還是不好，但絲綢和棉布質地的睡衣有助於睡眠是顯而易見的，因為它們的質地柔軟、透氣性好。但麻質睡衣卻會有相反的效果，緊身睡衣褲則更是不妥。有人對穿絲綢睡衣和麻質睡衣睡覺的人做過調查，結果發現穿絲綢睡衣入睡時副交感神經的活動級別是穿麻質睡衣時的兩倍，睡眠品質較好，如此看來，睡覺時最好還是不要穿麻質睡衣為好。

宜養成良好的起居習慣

充足的睡眠和規律的起居習慣是健康生活的有力保證，現代人，特別是許多年輕人因為夜生活豐富，往往都是晚睡晚起。其實這對身體健康是極為不利的，會擾亂你的身體機能規律，女孩子經常熬夜，皮膚更是容易老化。如果你現在就是這種狀態，趕快下決心改變吧，最佳的就寢時間為晚上十至十一點，因為十一點半後至凌晨一、兩點是人體皮膚自我調整休養階段。早上早起也是個很好的習慣，清晨空氣清新有利於調整一天的狀態和心情，千萬不要戀床嗜睡，結果越睡越睏，使自己一直處於昏昏沉沉的狀態。中午最好能小睡一會兒，特別是夏天，但不宜時間過長，時間長了，醒後會覺得很不舒服，人不但不清醒甚至起反作用。適當的午睡是個好習慣，能保證人們下午工作和生活充足的精氣神。

忌長時間熱水沐浴

有人淋浴時間過長，認為這樣既能徹底清潔也是一種放鬆，但實際上這並不是種好習慣。因為自來水中含有的氯仿和三氯化烯等易揮發的有害物質，在淋浴時因為水滴與空氣接觸，從而得到更多的釋放機會，直接接觸到裸露的皮膚，很容易侵害到人體的健康。據有關資料表明，熱水淋浴時釋放出的氯仿和三氯化烯分別比熱水盆浴時多百分之二十五和百分之四十，所以淋浴時間越長，身體受到的侵害也就越大，一定要注意淋浴時間要適度。

忌 洗澡四忌

你也許會說洗澡本來是很簡單的一件事，哪有那麼多講究，其實不然。在洗澡時，因為毛細血管不停地擴張，血液循環會加快，自然影響到人體機能，所以有些事就不得不注意了。

當你大量出汗時不可圖一時涼快，馬上用冷水洗澡。因熱身汗體突然受冷水刺激，體表毛細血管驟然收縮，從而影響到汗腺的排泄和血液循環，體內的熱量不能及時大量散發，容易引發有關疾病。

有人喜歡長時間泡澡，覺得既解乏又清潔。其實長時間泡澡，會導致周身血管擴張，血液循環就集中在人體表面，因而削弱了內臟的血液循環，很容易發生虛脫。雖然現在很多家庭都開始用沐浴乳洗澡，但也有人還是用肥皂。肥皂含鹼太高會損害到皮膚，不但去汙效果不佳，而且會破壞皮膚的酸性環境。擦去了具有潤濕和保護作用的皮脂，會降低皮膚的抗菌功能，使皮膚失去光澤，變得乾燥、粗糙。

洗浴品最好專用，洗頭用洗髮精，沐浴用浴皂或沐浴乳。在高溫環境作業的人洗澡時不宜用鹼性大的肥皂，而且洗後最好再塗點保護性油脂。而接觸油性物質的人洗澡時可用鹼性浴皂，防止油脂堵塞毛孔，感染細菌。

宜 宜正確梳理頭髮

大家都知道，梳頭也有保健的功效，梳理頭髮不僅可以除去髒物，還能刺激頭皮，促進其血液循環，緩解頭痛等病症。不少人為了保持美觀的髮型，喜歡不停地梳髮，但事實上，如果梳頭太頻繁反而會傷害到頭髮，平均每天梳三十下左右是比較合適的。梳理頭髮也要掌握正確的方法，應從頭皮的髮根處開始慢慢地梳向髮梢，最好使用防靜電的梳子，而且梳子的頂部不可太尖以免傷害到頭皮。

忌 必須改正的壞習慣

習慣是人們在生活實踐中形成的，雖然有些習慣已經是約定俗成，但其中也有很多是不科學的壞習慣。比如說：

人們認為醋能軟化魚刺，所以常常這樣做，但實際上這是一種錯誤的做法，因為醋不但不能幫助排出魚刺，反而會蝕傷黏膜，引起食道水腫。

有時人們會因為藥片太大或特意減少藥量而將藥片掰開來吞服，這樣做也是不科學的。因為被掰開後的藥片會出現一些稜角，很容易劃傷食道和腸胃。

不管是在飯店還是在家裏，人們為了清理方便，往往在餐桌上鋪上塑膠布。其實這種用聚氯乙烯製成的塑膠布含有有毒物質，人通過餐具經常與之接觸的話很可能引起慢性中毒。

忌 忌經常用吹風機吹頭髮

不少人為了保持髮型，洗頭後都會用吹風機將頭髮吹乾。其實這樣對頭髮的傷害是極大的。髮絲中的水分含量應保持在百分之十以上，如果低於這個水準，髮絲就會變得乾枯和粗糙，容易產生靜電。如果經常使用吹風機吹頭髮，肯定會導致髮絲中的水分含量流失過多而出現上述狀況。讓頭髮自然晾乾或用柔軟的乾毛巾吸掉水分是最好的乾髮方法。如果不得不用吹風機時，最好讓吹風機離頭髮遠一點，不能貼著頭皮，更不宜時間過長。

忌 冬季忌穿過緊的高領衣、高筒靴

在冬季，高領衣和高筒靴已成了一種潮流，大家覺得既保暖又美觀。殊不知過高過緊的高領衣會壓迫頸部血管，使營養物質難以輸送到腦部和眼部，自然就會影響到視力和頸椎的正常活動，很多人因此患上頸椎病。靴腰過緊、靴跟過高的高筒靴雖然穿起來是美麗動人，但對腳卻是一種摧殘。足背和足踝處的血管、神經因為受到擠壓而導致血液循環不暢，而且這種高腰靴的透氣性較差，腳汗不易及時揮發，給厭氧菌和真菌提供了生長和繁殖的環境，往往會導致足癬、甲癬。

忌 打噴嚏忌捂嘴

平時我們打噴嚏時都習慣捂上嘴，覺得這樣會比較有禮儀而且可以預防傳染，但事實上這種做法是不太科學的。因為打噴嚏是上呼吸道黏膜受到病菌的刺激而引起的防禦性反應，這時口腔內壓力很高，如果捂住嘴巴，就會使咽喉部位的壓力增高，細菌就很容易通過咽喉和中耳鼓室的通道「咽鼓管」，進入中耳鼓室，從而引起化膿性中耳炎等疾病。所以，在打噴嚏時最好不要用手捂嘴，但為了預防傳染，你可以用手絹或面巾紙輕輕地遮擋一下。

宜 在電腦前工作宜用隔離霜

隨著電腦和網路的普及，越來越多的工作和生活不得不面對電腦。電腦的輻射很強，對人體健康，特別是對女性的皮膚健康有很大的損害。所以，如果你必須長時間在電腦前工作，記得搽點隔離霜。雖然隔離霜並不能起到完全隔離輻射的作用，但至少可以減弱這種輻射。而且電腦螢幕因為靜電容易將大量的空氣微塵吸附在其周圍，使人們處於一種很髒的工作和學習環境中，塗點隔離霜可以有效地減少灰塵對皮膚的侵害。

忌 忌用酒催眠

因為現代生活的壓力增大。很多人患上失眠，於是有人借酒來催眠，以為喝醉了就自然睡著了。其實人喝酒以後，只是暫時抑制了大腦中樞神經系統的活動，似乎很快就能進入睡眠，但實際上這並不是正常的酣睡。有人特地就酒後睡眠與生理性睡眠的區別做了腦電圖檢查試驗，結果發現酒後上半夜睡眠的腦電圖與人清醒時相同，下半夜腦活動比平時還要活躍。人在酒後醒來都會出現頭暈和頭痛等宿醉感，就是因為酒後大腦並未得到真正的休息。而且，睡前飲酒的人在睡覺過程中可能會出現呼吸紊亂，這對於有心、肺疾病的人來說是很危險的。

忌 看電視三忌

電視現在似乎已經成為人們生活中不可或缺的部分。人們晚上回家及週末的大量時間都花在看電視上，因此引發了不少「電視病」。

(1) 坐著看電視時間過長的話，容易得一種「電視腿病」，特別是老年人，會覺得下肢麻木、疼痛、浮腫。對正在生長發育的小孩就更是不利了。所以看電視時間不宜過長，而且過一段時間要站起來活動一下，以免久坐使血液循環不暢而出現上述病症。

(2)看電視對眼睛的危害是顯而易見的，因為距離太近或時間過久，都會造成用眼疲勞，引起近視。看電視的距離一般以六倍於螢光幕大小較適合，大螢幕的彩電，距離更要遠點。

(3)不少人喜歡躺在床上或沙發上看電視，覺得很舒適。其實這種習慣極其不好，因為躺著看電視既要仰頭、側身，還要長時間歪著脖子和偏轉眼睛，需要眼睛不停地調整視線來適應電視機螢幕的高度，時間長了，就會引起眼睛的上、下直肌和眼球內的睫狀肌痙攣性收縮，造成眼眶、眼球脹痛、結膜充血、雙目流淚，甚至眼壓增高、視覺模糊和視力下降。

忌 看書四忌

讀書是個好習慣，但有些讀書中的習慣卻不太好。

(1)大多書迷有躺在床上看書報的習慣，認為既能充分利用睡前時間又省力舒服，但這種習慣其實很不好。睡前躺著看書報，不僅會損害視力，還因為大腦不斷釋放書報上所讀的資訊，強制改變人體睡前已放慢的生理節奏而變得興奮，很容易導致神經衰弱（失眠）和心血管疾病的發生。

(2)有的人爭分奪秒，不管公車上、地鐵上還是飛機上都在讀書看報，這也是一種不好的習慣。因為車在行進中，很難保持一個穩定的視距，視覺中樞神經要不斷地調整來適應，因此處於一種緊張狀態，很容易造成視力疲勞，而且車上光線強弱不定，也增加了視覺中樞的負擔，時間一長就會感到頭昏、腦脹、視力下降，甚至影響記憶力。

(3) 如廁時讀書似乎是很多人的習慣，甚至電視裏也出現這樣的廣告，但這種做法很容易引發一些腸道疾病。因為大便時看書報，注意力轉移到書上而忽視了便意，使直腸對糞便的壓力刺激失去正常的敏感性，延長了糞團在大腸內停留的時間，造成燥結，從而發生便秘。此外，因看書忘記時間，蹲（坐）得太久，使盆腔淤血、痔靜脈曲張，也容易引發痔瘡。

(4) 另外一個壞習慣就是用手沾唾液翻書，這種習慣的危害相信是眾所周知的。

忌 酒足飯飽後忌運動

我們常說酒足飯飽後就要多運動，但實際上酒足飯飽後反而是不適宜運動的。因為酒後心跳往往加速，血壓增高，心臟的負擔加重。如果再進行運動，就會更增加心臟的負擔。另外，酒後運動也會影響到大腦功能，因為大腦皮層對酒精極為敏感。酒後大腦皮層會出現短暫的興奮，人會變得多話、激動和坐立不安，接著就轉入較長時間的抑制，表現為反應遲鈍和嗜睡。大腦功能處於不穩定狀態將會影響到理智、判斷力、全身運動的平衡及協調，受大腦皮層統帥的眼、耳、四肢等的靈敏度與反應性也相應降低。在這種情況下運動，大腦皮層負荷加重，會有損其功能。

忌 忌與寵物過分親暱

因為現代家庭的結構比較單一，很多人將養寵物當做自己的精神寄託。愛護動物當然無可厚非，但動物畢竟是動物，很有可能會給人造成傷害，所以不要過分親暱。寵物中狗居多，而被狗所傷的例子也多，目前關於犬類損傷有三級分類：

(1) 狗舔了無開放性創傷的健康皮膚。

(2) 狗爪輕抓後，留有沒有破裂的抓痕。

(3) 皮膚被抓破或咬破，有多處破裂傷痕，犬類唾液已經接觸黏膜。

一旦發生這三類損傷中的任何一種，都有感染狂犬病的潛在危險。所以，即使對寵物寵愛無比，我們也不可小視，以免因小失大，給家人或自己帶來麻煩。

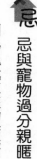

三、家庭安全宜忌

隨著現代化發展，越來越多的現代家用器具走進了居民家庭，用電、用氣及各方面的安全問題成為了重中之重。大家在日常居家生活中一定要格外小心、注意，不要因使用不當而發生危害身心健康的事情。

忌 使用瓦斯宜忌

人們通常把天然氣、石油液化氣、煤氣等可燃性氣體都叫做瓦斯。瓦斯給人們生活帶來了許多方便，但如果使用不當，也會造成災難。使用瓦斯要注意以下各點：

(1) 認真閱讀燃氣器具等的使用說明書，嚴格按照說明書的要求操作、使用。

(2) 使用人工點火的燃氣灶具，在點火時，要堅持「火等氣」的原則，即先將火源湊近灶具然後再開啟氣閥。

(3) 經常保持燃氣器具的完好，發現漏氣，及時檢修；使用過程中遇到漏氣的情況，應該立即關閉總閥門，切斷氣源。霸燃氣器具在工作狀態中，人不能長時間離開，以防止火被風吹滅或被鍋中溢出的水澆滅，造成瓦斯大量洩漏而發生火災。

(4) 使用燃氣器具（如瓦斯爐、熱水器等），應充分保證室內的通風，保持足夠的氧氣，防止瓦斯中毒。

忌 刀具使用宜忌

日常生活中經常需要使用菜刀、水果刀、剪刀等刀具，這些刀具鋒利、尖銳，使用不慎就可能造成傷害。在使用刀具時應當注意：

(1) 使用刀具時應當注意力集中，不用刀具比劃、打鬧，更不能拿著刀具互相開玩笑，以免誤傷別人或自己。

(2) 刀具暫時不使用時，要妥善保存起來，放在安全穩妥的地方，不要使刀具的尖和刃部突出，露在外，以防止刀具被碰落而傷人或者有人不慎觸碰而受傷。

忌 用電安全常識

(1) 用電線路及電氣設備絕緣必須良好，燈頭、插座、開關等的帶電部分絕對不能外露，嚴防人體觸及帶電部分。不要亂拉亂接電線、亂接用電設備，用電設備的金屬外殼（如洗衣機、電冰箱）應有良好的接地。

(2) 不要用濕手接觸燈口、開關和插座等電氣設備，要教育孩子不要玩弄電氣設備。嚴禁站在潮濕的地面上觸動帶電物體或用潮濕抹布擦拭帶電的家用電器。

(3) 低壓觸電保安器是當人發生觸電時，迅速自動地切斷電源，從而保障人身安全的理想保護設備，提倡居民用戶都要安裝使用。

(4) 安裝具有過壓跳閘、漏電跳閘雙功能保護的「漏電保護器」，不但可以有效保護人、畜的安全，還可以保護家用電器不致因過壓而損壞。

(5) 發現有人觸電，應先設法斷開電源（如在高處觸電，要防止觸電者跌落），然後進行急救。對失去知覺的觸電者，急救的主要方法是立即進行人工呼吸，並迅速請醫生到現場檢查處理，嚴禁注射強心針。

(6) 您所使用的家用電器如電冰箱、冰櫃、洗衣機等，應按產品使用要求，裝有接地線的插座。

(7) 進行電氣設備安裝維修時應找電工人員實行，必須斷開室內進線電源。

(8) 燈泡等電熱器具不能靠近易燃物以防因長時間使用或無人看管時發生意外。

宜 居室安全宜忌

(1) 家裏的藥物應放在孩子打不開的瓶子裏，最好鎖在櫃子裏。

(2) 保持好藥品和化學物品容器上原有的標籤，不要把有毒物質裝在曾經裝過無害藥物的瓶子裏，如檸檬或果汁瓶等。

(3) 盡可能把藥物放在遠離食物的地方。

(4) 不要到處亂放噴霧劑瓶，因為瓶口可能會被孩子按下，造成孩子受傷。
(5) 在有火的地方一定要安防護欄。
(6) 保證孩子接觸不到有電線的設備。
(7) 不要讓孩子接觸到針、別針、火柴、打火機、鋒利的刀剪，要把這些東西都鎖好。
(8) 傢俱一定要結實，固定好，以防孩子把傢俱弄翻。

忌 浴室兒童安全宜忌

(1) 確保浴室和廁所可以從外面打開門。
(2) 不要隨處亂放香水和化妝品。
(3) 蓋好馬桶的蓋子。
(4) 給孩子放洗澡水時，一定要先放冷水，以免燙傷孩子。把孩子放在水裏前，一定要先用手試好溫度。
(5) 在浴盆旁加上安全抓手，使用防滑墊。
(6) 電熱加熱器應安在孩子搆不到的牆上。
(7) 毛巾加熱架上，一定用毛巾蓋好，並盡可能早地教育孩子不能摸熱東西。

(8) 不要把馬桶清潔劑和漂白粉混在一起，否則會產生有毒氣體。
(9) 把清洗劑、漂白粉和消毒劑都鎖在櫃子裏。

忌 臥室兒童安全宜忌

(1) 所有的窗子都要安好鎖，不要在窗前擺放傢俱。
(2) 傢俱角一定為圓形，如果不是圓角，安上塑膠防護桌角。
(3) 把孩子的玩具放在較低的位置。孩子取玩具時不用費很大的勁，也減少孩子往高處爬的想法。但不要把玩具亂放在地板上。
(4) 不要亂設電線，特別是在孩子的床前，因為孩子很可能會把衣物或被子弄到上面，引起火災。
(5) 如果孩子的臥室在樓上，一定要安上樓梯安全護欄。
(6) 最好使用壁燈，這樣可以減少使用電線。

忌 兒童門廳、樓梯和走廊安全宜忌

(1) 在樓梯的兩頭安上安全門。

(2)不要在樓梯上和樓梯附近放置物品。保證門廳、樓梯和走廊照明良好。

(3)電源開關位置方便合適。

(4)欄杆結實，間隙小。

(5)樓梯兩邊應該設有護欄，否則孩子可能會掉下來。

(6)樓梯上的地毯一定要固定好，防止滑動。如果地毯壞了，一定要用強力膠布修補好上面的裂口或是孔洞。

宜 兒童過馬路時的安全宜忌

孩子不懂過馬路時的規則，大人就應該教導他們。每次過馬路時，一定要走人行道。在馬路邊上先停下來，拉住孩子，左右看一下車輛，聽聽有無喇叭聲。如果有車來了，等待車過去後再過馬路。看好沒有車輛通過後，再過馬路。過馬路時，一定還要左右看好。一邊過馬路，一邊給孩子講過馬路應該看什麼、聽什麼。

忌 有害人體的藥劑放置宜忌

用來滅蟲或除臭用的藥劑，應裝在密閉的容器內，妥善保存，不要靠近食物，更不要放在小孩能拿得到的地方。

忌 電線與插座宜忌

牆上用不著的插座應套上安全蓋，保險絲的負荷必須與額定電流指數相符。要特別注意，別讓小孩玩耍時把手指插入插座內。家中裝修走線最好走暗線，不要走明線，以免發生危險。

四、寵物飼養宜忌

飼養寵物不但可以調節人的精神，還能有益於身心的健康，尤其是對高血壓、焦慮症等一些慢性疾病都可以起到很好的調養作用。常見的寵物主要有狗、狗、魚、鳥等，與它們為伴不但可以給你帶來愉悅，有時還能令你收穫一些意想不到的驚喜。

宜 飼養寵物宜具備的條件

寵物並不是每個人都能養的，飼養寵物要根據自己的實際情況，量力而行，適可而止。

(1) **時間條件**：飼養寵物，要花費一定的時間和精力，定時定量地給牠餵食、換水、清洗籠舍、洗澡、梳毛、遛放等。如果買了寵物而不肯花費時間，還不如不養。

(2) 空間條件：飼養寵物，要看能否為牠提供良好的生存條件。貓、狗要有與人隔離的窩舍，要有排便處，還要有為牠們遛放的庭院或場地；養鳥也同樣需要有陽光充足、空氣流通、能供鳥懸掛遛放的場所。

(3) 經濟條件：飼養寵物，必須為寵物提供衛生、營養、符合其生理需要的食品。為了管理需要，還要準備必要的器具，有些器具還要盡可能地講究美觀，力求藝術化。因此，飼養寵物必須考慮到有一定的經濟承受能力。

宜 宜在夏天防止狗得皮膚病

經常飼養寵物狗的人都知道，皮膚病可以說是狗在夏季最常見的疾病之一。主要是由於夏季溫度高、紫外線輻射強，再加上野外各種植物的開花結子，所有這些因素加在一起，使得狗在夏季非常易患皮膚搔癢症。

還有許多狗會患皮膚過敏症，這種過敏症主要是通過接觸刺激性物質而引起的。比如當狗趴在草地上時，一些野草和植物會刺激狗皮膚而引起過敏反應。不少子生類植物都會引起某些動物的皮膚過敏，最常見的刺激性植物有雀稗和白花紫露草等。這會導致狗的胸部、腹部、腹股溝及爪子等部位出現紅腫症狀。狗通常會因為忍受不了搔癢而不斷地抓撓，或把肚皮貼在草地上或地毯上不停地搓。由於很難確定引起搔癢的根源，在診斷的過程中也會造成很大的難度。

在這裏為大家介紹一點預防措施，幫助大家更好的養好寵物。當發現狗出現這類症狀時，必須立即帶牠去動物醫院就診。因為如果長期任其抓撓就會引起局部感染。獸醫在治療時可給狗注射防過敏症針劑，也可讓狗服用防過敏藥片。但是如果多次發生過敏症，就應進行仔細體檢，找出過敏原，避免再次接觸導致過敏的物質。

宜 養狗宜防狂犬病

隨著我國經濟的高速發展，人們生活水準的提高，越來越多的家庭開始飼養狗等寵物以享受生活樂趣。但是，值得指出的是，居家養狗宜防狂犬病。

狂犬病，又稱恐水病。它是一種由狂犬病毒引起的烈性傳染病。感染初期，會出現頭痛、噁心、乏力、食欲減退，在感染處傷口有發麻、發癢的感覺，慢慢會產生典型的怕水、怕風、怕聲、飛沫四濺等症狀。最後，病人轉入呼吸麻痹衰竭而死亡。

據研究，狂犬病毒主要在野生動物及家畜中傳播，如狗和貓是主要的傳染源。狂犬病的感染方式，一方面多由患狂犬病的狗直接咬傷、抓傷所致：另一方面為非咬傷途徑，如通過消化道、呼吸道、黏膜及接觸感染，也會感染狂犬病。狂犬病毒一旦通過上述途徑侵入人體，如果未接種過狂犬疫苗，或未及時發現和處理，經過一段潛伏期出現症狀，往往無法搶救。

宜 宜和貓咪建立良好的關係

貓是一種很獨立的寵物，牠們的獨立性絕不容許被剝奪。因此要想和貓建立良好的關係，就不應將牠們當成財產來擁有，而應設法把牠視為旅居家中的客人。貓願意和主人一塊共度時光，除了需要簡樸的食物之外，牠不會要求任何報酬。

而且貓和狗的性格也是不同的。牠們不會出於盲目的忠誠，而和貧困的主人廝守在一起。不過，若是飼養牠的主人理解牠、賞識牠，牠還是能夠領受的，還會報以感情和尊敬。為了贏得您貓友的感情，就必須懂得貓的習性，並和家中的貓培養出良好的感情。

宜 宜滿足貓咪的好奇心

常言道：好奇害死貓。究其原因就是因為貓具有極強烈的好奇心。部分原因是因為貓總是在覓食，尋找牠們可以捕捉的獵物，或是為了尋找一塊暖和的地方可以蜷縮身子打瞌睡。

而也有的是因為貓天生喜愛探險，對周圍的世界有著濃厚的興趣所導致的。

但是，不幸的是，正是貓有著這種好奇的天性，才給牠們帶來了許多害處。好管閒事，有時也會招來殺身之禍。因此，在飼養貓的時候，要給予牠們充分的保護，避免使牠們遭受到意外的危險！不過，也不要對牠們進行過度的保護，因為貓這種高級的「個人主義者」，並不喜歡被人們溺愛。

宜 宜常對貓咪的毛皮進行護理

貓是一種非常喜歡乾淨的動物，我們經常可以看見牠們用舌頭舔自己毛皮，目的就是為了能夠去除身上的污垢，梳理毛髮。不過，雖然牠們可以自己梳理，在飼養的時候也不能把這項工作權交給牠們自己處理。因為，牠們的身上，總有牠們的舌頭舔不到的地方，特別是長毛的貓品種，單靠牠們自己很難保持毛的潔淨，所以主人的幫助就顯得必不可少了。

每天對牠們的毛皮進行護理，不僅可以除去污垢、蝨子等，還能防止起毛球，梳理和刷毛也有利於血液的循環和促進皮膚的新陳代謝。主人定期撫摸貓咪還可以順便檢查其身體狀況，最主要的是這是主人和貓咪進行交流的時間，有利於增強主人和貓咪之間的感情聯繫。

在對貓咪進行護理時，主要有以下幾種專用的毛皮護理用品：

(1) **指甲剪**：人用的指甲剪是細長的，不適合貓咪，所以必須是貓咪專用的才行。

(2) **毛刷**：要用不易起靜電的獸毛刷。柔軟的毛刷適用於長毛的品種，硬一點的適用於短毛品種。剪毛球的剪刀，要用鈍頭的剪刀以免傷及皮膚，也可用化妝剪或鼻毛剪代替。

(3) **梳子**：齒疏的用來梳理全身，齒密的用於捉跳蚤。還要準備用於梳理臉部的小梳子。如果是鋼製梳孔可以永久性使用，還可以經常高溫消毒。

此外，還可利用吹風機、清理耳朵的棉棒、橄欖油等對貓咪進行護理，這些用品可以不必是貓咪專用的，日常家用的就行。

宜 養貓宜防的疾病

貓作為人們頗受歡迎的一種寵物，牠們的性情不但溫馴而又顯得憨態可掬，為人們的生活可以平添不少樂趣。但是，大家應當知道，貓在捕食老鼠時，會將鼠身上的細菌、病毒、寄生蟲等食入體內，這些寄生蟲和病原微生物就會在貓體中生存繁衍下來，但是它們不一定會發病，然而卻可以污染食物和環境，感染人們出現一系列的疾病。因此，養貓應當注意防範以下幾種：

(1) **過敏性疾病**。一方面貓經常脫皮，產生了許多皮屑，這些物質可引起過敏性疾病；另一方面貓的唾液舔在皮毛上，乾燥以後，會使所含的抗原物質脫落，會引起過敏性疾病。

(2) **貓抓病**。貓抓病與玩賞貓日益增多不無關係。貓抓病的典型症狀是局部淋巴結腫大，發病早期，可見皮膚傷痕周圍腫脹，出現紅斑、丘疹，甚至可形成膿皰，全身可有三十八度左右的低熱，出現乏力、食欲減退、頭痛、腹痛等症狀，偶爾伴有噁心嘔吐。

(3) **弓形蟲病**。弓形蟲病的病原體弓形蟲是一種原蟲，弓形蟲病的傳染源主要為動物，幾乎包括所有哺乳動物和多種鳥類，其中以貓和貓科動物為最常見。據研究，成人患弓形蟲病多較輕微。但是，懷孕早期的孕婦如果與貓接觸，易被弓形蟲病感染，弓形蟲得以通過胎盤感染胎兒，因胎兒抵抗力低，一旦弓形蟲通過血液循環進入胎盤，會導致流產和死胎。

(4) **流行性出血熱**。流行性出血熱是一種病毒性傳染病，老鼠是其最主要的傳染源。研究人員發現，養貓的人家感染此病的可能性比不養貓的人家高出五倍，有與家貓接觸史的人，其隱性感染率是無接觸史人的四倍。貓吃了老鼠後，可感染流行性出血熱病毒，由於貓與人的接觸比鼠與人的接觸要多得多，帶病的貓給人帶來的危害是很大的。所以，流行性出血熱疫區的人家，最好不要養貓，以免造成疾病傳播。

宜 養魚宜經常換水

養魚看似簡單，實則很難。僅換水這一項，就是一門並不簡單的學問。要想把魚養好，前提就是要經常換水，保持水中有這足夠充分的氧氣。在養魚的時候，大多數魚類都喜歡生活在原來的水中，若是突然間將魚缸內的水全部更換，加入新鮮的自來水，就會對魚兒的生命造成極大的威脅。

由於自來水中含有不少的氯化物，這是魚類的慢性毒藥，魚類吃下這些毒藥後，輕則魚體受損，重則立即暴死。所以在換水前，要先將水放置於日光下暴曬一天。待水中部分化學品蒸散掉才可以使用。而且每次換水量也不宜超過一半，這是為了使魚兒有一個適應過程。在換水時還要注意水溫差別，彼此水溫差別不宜太大，一般以二至五度為宜。但也要根據魚的種類而定，比如金魚、紅劍之類的魚可以忍受較大溫差，而七彩神仙卻不行。如果水溫差距較大，魚會顯得無精打采，過很久才能恢復過來，嚴重時，魚兒甚至會立即窒息死亡。

宜 養鳥宜防鸚鵡熱

養鳥，可以說是許多老年人的愛好，既可以豐富業餘的生活，還能增進自己的身心健康。但是，有些問題還是值得指出的，在養鳥的過程中，宜注意預防鸚鵡熱病。

鸚鵡熱是一種疫源性疾病，由一種比細菌小、比病毒大的微生物衣原體通過呼吸道感染傳播的一種急性傳染病，傳染力非常強。

鸚鵡熱並不是只由鸚鵡引起的。根據有關的研究資料表明，距今已發現有一百九十多種家禽及鳥類均可以傳播這種鸚鵡熱，比較常見的主要有：黃鶯、相思鳥、金絲鳥、麻雀、海燕、海鷗、雞、鴨等。

而在現實的生活中，家禽和家棲的鳥類就是鸚鵡熱的主要傳染源。飼養鳥的人，如果被染上鸚鵡熱，少數人會出現輕度流感樣症狀，一般會出現頭痛、咳嗽、發熱、全身酸痛、白細胞減少等症狀。但多數人會出現頭痛、發冷、高熱、乏力、食欲減退、全身肌肉酸痛和喉痛等症狀，有時還伴有斑疹，出現咳嗽、咳黏痰或血痰等症狀。在檢查時，肺部有濕囉音，胸片上有肺泡炎的X射線表現，肺功能也有一定的損害。情況重者，還會出現昏迷、氣急、黃疸、紫紺、肝大等症狀。

不過，人們在發病以後，如果能夠及時脫離養鳥的環境，其症狀就可逐漸地減輕。如果不及時脫離，而繼續接觸鳥，則症狀就會加重。在病癒以後，再次接觸攜帶鸚鵡熱衣原體的鳥類，還會再次發病。因此，為了您和家人的身體健康，在養鳥的時候宜防鸚鵡熱病。

宜 宜給鳥兒常備的藥品

在家中飼養觀賞類鳥，除了在平時多注意環境的衛生和消毒以外，還應準備一些常用的藥品，以備不時之需。這些藥品有些就是人用的，在一般的藥店均可買到，如：

(1)福馬林，鳥籠和籠舍的消毒劑，可用作表面消毒，也可與高錳酸鉀混合，發煙薰蒸房舍。

(2)碘酒，對局部創傷有消毒作用，藥效時間長，被蚊子叮咬引起皮膚紅腫發炎時可使用。

(3)紫藥水，當鳥的皮膚弄破或擦傷時可塗用。

(4)百分之七十五濃度的酒精，作普通用具及養鳥者擦手消毒用。

(5)抗生素，如土黴素、紅黴素、氟呱酸等，可治療腸炎和呼吸道感染等病症。

(6)複合維生素B，能預防B族維生素缺乏引起的疾病，且有助消化與提高食欲。

(7)維生素B_1（鹽酸硫胺素），主治缺乏維生素B_1引起的神經炎、痙攣、胃腸弛緩及食欲減退等病。

(8)石蠟油，可滴注肛門作潤滑劑，以治便秘。另外，滴入泄殖腔還有助產卵的作用。

(9)魚肝油，營養藥，含有維生素A、維生素D，治療缺乏維生素A、維生素D引起的疾病，預防軟骨病，提高繁殖率。

宜 宜常對鳥兒進行清潔護理

養鳥，應多注意鳥兒的清潔，這項工作主要就是保持鳥籠的清潔。鳥籠的清潔包括清除食缸、水罐、浴缸、棲架、籠網條、承糞板等處的灰塵和鳥類雜毛，在洗淨後用軟布擦乾即可。若是籠底鋪有細沙的鳥籠，以兩三天更換一次新沙為宜。

浴缸中的水要每天更新一次，還要經常用清水給鳥洗浴，這樣可去除牠們身上的污垢，有益於健康。給牠們每次洗浴的時間不宜過長，以免鳥的羽毛濕透，著涼生病。鳥在籠養的時候，還應每隔一段時間修剪一次過長的爪甲，並將腳趾洗淨，用銼刀銼去牠們過長的喙尖。鳥體上殘缺的羽毛如果保留的必要也可拔去，這樣可以保持鳥兒羽毛的豐滿美麗。

忌 養寵物時的禁忌

儘管有資料顯示，養寵物對於身體健康有益，不過國外的一些機構經研究發現，一些養寵物的人由於活動減少，而使體重漸漲，健康狀況比不養寵物的人還要差。造成這些現象的主要原因就是，養寵物的人習慣久坐，才導致自己越來越肥胖的。

在以前的研究中，科學家們的確是發現了養寵物有助於降低血壓和心率，能夠緩解壓力、減輕孤獨感、甚至可以緩解老年癡呆症所引起的焦慮等症狀。但是最近的研究結果發現，對於一般的遛狗、逗鳥，這些運動量相對少得多。因此，養寵物的人體重超標機率很大，而且他們對於自己的健康狀況也不滿意。

所以，養有寵物的人們，在遛狗、逗鳥的同時，也應該加強身體的運動，這樣才能有個好的身體，應忌整天坐在那裏。

忌 忌忽視狗兒的異常行為

飼養狗的朋友們，如果每天都給牠們吃固定營養的食物，那麼牠們就會表現出旺盛的精力。但是，突然有一天牠們的食欲不振，並且精神萎靡，那就不正常了，就應當引起主人的注意了。

在出現這種情況時，千萬不要把牠們當作沒有食欲處理。對於吃狗飼料的狗來說，出現食欲不振的情況時，很可能是牠們身體的某個部位出現了病症。如果吃的是主人家自己做的東西，那就要檢查一下是不是因為營養不全或者攝入鹽分過多的問題造成的了。

如果狗的異常表現非常明顯，那就要先仔細的觀察一下牠的大小便是否正常。假如是因為食欲不振，那麼牠的腸胃消化能力肯定也很差，可能是由於缺鈣的原因引起的。而與此相對的，若是鈣質攝入過多，則會容易引起便秘。如果出現糞便稀軟、便血等現象，可能是患了急性病。若是尿液的顏色很濃，也許是飲水太少或攝入鹽分過多的緣故。

總的來說，由於人與狗之間的言語不同，在牠們的身體不適時也無法用語言表述出來。因此，做為牠的主人應當經常觀察牠們身體的狀況，發現異常時應及時的採取措施，把問題處理掉。

忌 忌餵狗兒的食物

飼養寵物狗時不能亂餵牠們食品。首先就是蔬菜，比如胡蘿蔔、馬鈴薯等，在煮熟後對狗沒有傷害，卻也沒什麼太高的營養價值。也許有些狗也很愛吃些蔬菜，間接的也會造成挑食，因為在有些狗飼料中已包含纖維質。

據研究探討得知，水果對於狗並沒有益處，只有口感，不具備狗需要的蛋白質，甚至有時候許多水果的種子和果皮還是對狗有害的，會對狗的腸胃產生一定的刺激性。人類攝取水果是為了得到維生素C，而狗從肉類食品或飼料中就能得到。但維生素C會使動物的尿液酸化，過量的維生素C甚至會造成尿結石。

下面是一些狗不能吃的蔬菜水果品種，以及在吃後可能會產生的一些症狀：

(1) 梨果肉。果皮和花都有毒，會導致呼吸困難和胸腔下腹或心臟積水。

(2) 櫻桃。導致呼吸急促、休克、口腔炎、心跳急促。
(3) 葡萄、葡萄乾，梅子。腎衰竭，嚴重嘔吐，下痢。
(4) 香蕉等有毒性植物。
(5) 杏仁、桃、野莓、苦瓜、李子類、梅子類。果肉不可過量，種子是完全不能吃。因為多數瓜果類的種子含氰化物，可能導致下痢、嘔吐、下腹疼痛。
(6) 花椰菜。刺激腸胃。
(7) 洋菇。導致急性腸胃反應，肝臟和腎臟損傷，下腹痛、反胃、噁心、嘔唾液。

忌 忌餵貓兒的食物

貓比較饞的，這也是為什麼人們總是愛說小饞貓的原因。主人吃什麼牠也想吃什麼，你餵牠就吃。但若是長期這樣的話，也會逐漸損害到貓的身體健康。因此，可以在人可以吃的東西中作個比較，要時刻留心哪些東西不能給貓多吃，哪些東西不能隨意給貓吃，哪些東西不能給貓吃，這也是養貓的常識。

(1) **動物或魚脊**。由於禽類動物或魚的骨頭比較硬，當貓咬碎後會產生一些尖的碎屑，這些碎屑有時會刺傷貓的嘴巴或內臟，所以要避免讓貓吃這些骨頭，除非用高壓鍋把骨頭軟化或粉碎後添加到飼料中。

(2) **生魚**。某些生魚中含有可破壞B族維生素的酶，而B族維生素缺乏可導致貓患神經疾病，所以一定要將魚做熟以後再餵貓。

(3) **魚肝油**。貓咪過量食用魚肝油會導致維生素A和維生素D的超量攝入，進而引發骨骼疾病。

(4) **動物肝臟**。過多地攝入維生素A會導致貓咪肌肉僵硬、頸痛、骨骼和關節變形以及肝臟疾病。

(5) **肉**。如果只給貓餵食肉類食品，會導致礦物質和維生素攝入不均。

(6) **高脂食品**。如果貓的飲食中含有大量高脂肪的魚類或不新鮮的肥肉，會導致維生素E的攝入不足，進而引起貓的身體發炎，並極度疼痛。

除此之外，也不要給小貓餵食牛奶。因為兩個月大的幼貓已經可以獨立生活了，牠可以自己吃貓飼料。而且牛奶和貓奶的成分也是不一樣的，吃牛奶會引起小貓的腹瀉。

忌 忌將新買的金魚立即放入魚缸

在魚市上剛剛買回來的金魚，裝在塑膠袋內，經過一路的顛簸帶回家中。如果此時將水和魚立即一起倒入魚缸內，就會因水溫的不同，且環境發生突變，極易導致金魚發生不適，甚至是死亡。並且塑膠袋內的水還可能會帶有一些病菌。所以，在新買到金魚後，應先將其置於袋中，慢慢兌入自來水暫時先養上兩三天，然後再慢慢的放入魚缸餵養。

忌 忌用新鮮的自來水養魚

大家也許都知道，新鮮的自來水都是消過毒的，裏面內含有少量的氯酸，它的氣味能夠使金魚的呼吸道受到刺激，時間長久就會使金魚的生長受到影響。而且，新鮮的自來水溫度也較低，由於換水後，會使魚缸內的溫度急劇下降，引發金魚感冒。所以，新鮮的自來水最好先在陽光下曝曬一段時間，使氣味揮發一下，待水溫提高後再用來放養金魚。

忌 忌給金魚餵食過多

在餵養金魚時，投料量要適當，忌過多。餵料的時間一般都是在換水之後，每天一次即可，以正好吃完為最好。如果投料過多，就會容易使金魚因吃得過飽而脹死。同時，吃不完的飼料還會在魚缸內污染水質，從而影響到金魚的健康。

忌 忌在室內養鳥

大多數愛養鳥的人，在天氣轉冷時，就會心疼鳥兒，怕牠們凍著就把牠掛在室內飼養，其實這樣做是很不利於人體健康的。

許多養鳥愛好者都不知道鳥的羽毛是一種較強的過敏源，與鳥生活在一起的人很容易出現流鼻涕、打噴嚏、鼻癢等過敏症狀。有時還出現全身搔癢、風疹、胸悶等症狀。而鳥糞中帶有毛黴菌、黃麴黴菌、煙色曲黴菌等。鳥糞被鳥踏碎以後，病毒與病菌便飛揚在空氣中，這對室內人的身體健康很不利。若其長期被人體吸入，會誘發呼吸道黏膜充血、咳嗽、痰多、發熱等症狀，嚴重者還會出現肺炎與休克。

忌 孕婦忌以寵物為伴

養寵物雖然早已成為時尚，但是寵物對有些人還是不利的，比如說孕婦。有些婦女之所以會生下畸形兒，就是由於母親在懷孕期間同寵物接觸過多造成的。

而且，還有部分專家從畸形兒產婦和流產孕婦的臍帶血液中發現了弓形體菌，這種病菌是貓身上才會有的。牠們可以通過口腔進入人體內進行繁殖生長，並可通過胎盤造成胎兒先天性弓形體菌病。常能導致孕婦在懷孕三個月後流產，在六個月的時候能導致胎兒的畸形或死胎。孕婦宮內感染弓形體菌的胎兒，在出生後主要表現為小頭畸形、腦積水、精神障礙等。

犀利人妻 居家實用百寶箱

作者：丁豔麗
出版者：風雲時代出版股份有限公司
出版所：風雲時代出版股份有限公司
地址：105台北市民生東路五段178號7樓之3
風雲書網：http://www.eastbooks.com.tw
官方部落格：http://eastbooks.pixnet.net/blog
Facebook：http://www.facebook.com/h7560949
信箱：h7560949@ms15.hinet.net
郵撥帳號：12043291
服務專線：(02)27560949
傳真專線：(02)27653799
執行主編：朱墨菲
內文排版：楊佩菱
美術編輯：風雲編輯小組
法律顧問：永然法律事務所 李永然律師
北辰著作權事務所 蕭雄淋律師
版權授權：馬峰
初版日期：2012年3月
ISBN：978-986-146-848-8

總經銷：成信文化事業股份有限公司
地　址：台北縣新店市中正路四維巷二弄2號4樓
電　話：(02)2219-2080

CVS通路：美璟文化有限公司
地　址：台北市信義區莊敬路289巷29號
電　話：(02)2723-9968

行政院新聞局局版台業字第3595號 營利事業統一編號22759935

國家圖書館出版品預行編目資料

犀利人妻 居家實用百寶箱／丁豔麗著.
-- 初版 --臺北市：風雲時代，2012.01
面；　公分
ISBN 978-986-146-848-8（平裝）
1. 風俗 2. 禁忌 3. 生活指導
538　　100027498

定價：199元